Christine Recht

Gemüse
biologisch ziehen

So gedeiht und schmeckt es am besten

Experten-Rat fürs Säen, Pflanzen und
Pflegen

Mit Pflanzkalender und Anleitungen
für den naturgemäßen Pflanzenschutz

Mit Farbfotos bekannter
Pflanzenfotografen
Zeichnungen: Marlene Gemke

GU GRÄFE UND UNZER

VORWORT INHALT

Biogärtnern heißt, den Wunsch nach naturgemäßer Lebensweise und gesunder Ernährung in die Tat umsetzen. Wenn schon unsere Umwelt mit Schadstoffen belastet ist, soll wenigstens der eigene Garten giftfrei sein. Dies garantieren die bewährten Methoden des biologischen Anbaus. Wer sie richtig anwendet, kann gesundes Gemüse ernten, ohne auf reiche Erträge – selbst auf kleinem Raum – verzichten zu müssen. Daß Biogärten nicht wie verwilderte Landschaft aussehen müssen, sondern sich zu einem harmonischen Miteinander von Gemüse, Blumen und Kräutern gestalten lassen, zeigen die brillanten Farbfotos dieses Buches. Christine Recht, erfahrene Biogarten-Expertin, gibt Ihnen in diesem GU Pflanzen-Ratgeber genaue und leicht verständliche Anleitungen, wie Sie Ihren Garten auf biologischen Anbau umstellen und wie Sie Fruchtfolgen und Mischkulturen erfolgreich planen. Erprobte Methoden der naturgemäßen Schädlingsbekämpfung ersparen Ihnen den Griff zur Giftspritze. In einem übersichtlichen Aussaat-, Pflanz- und Erntekalender finden Sie einen Anbau-Fahrplan für die beliebtesten Gemüsearten. Individuelle Pflegeanleitungen für mehr als 50 verschiedene Arten, von altbekannten Favoriten wie Radieschen und Kopfsalat bis zu Feinschmeckergemüsen wie Spargel und Artischocken, geben wertvolle Hinweise und Tips.
Viel Freude und Erfolg mit naturgemäß gezogenem Gemüse aus dem eigenen Garten wünschen Ihnen die Autorin und die GU Naturbuch-Redaktion.

Fester Blumenkohl-Kopf.

Tomaten brauchen Wärme.

Kohlrabi in Mischkultur mit Salat.

Die Autorin
Christine Recht ist Mitarbeiterin verschiedener Gartenfachzeit- schriften und Autorin erfolgreicher GU Pflanzen-Ratgeber.

Die Fotos auf dem Umschlag
Umschlagvorderseite: Bunter Erntekorb.
Umschlagseite 2: Prächtiger Wirsing.
Umschlagseite 3: Mischkultur mit Meerrettich, Salat und Comfrey.
Umschlagrückseite: Stilvoller Bio- garten mit Blumen und Gemüse in Mischkultur.

Wichtig: Damit die Freude an Ihrem Gemüsegarten nicht getrübt wird, beachten Sie bitte die »Wichtigen Hinweise« auf Seite 111.

Gärtnern im Einklang mit der Natur

Würfelfalter.

Biologisch Gärtnern heißt nicht einfach Gärtnern ohne Chemie. Es bedeutet Gärtnern mit der Natur, von der Bodenbearbeitung über Pflanzen und Düngen bis hin zur Schädlingsabwehr.
Dafür muß man aber über die Abläufe in der Natur Bescheid wissen.

Das Besondere bei der biologischen Bewirtschaftung eines Gartens läßt sich in einem Satz sagen: Der Gärtner versucht so weit wie möglich die Vorgänge in der Natur nachzuahmen. Er betrachtet den Garten als Ganzes, in dem viele einzelne Prozesse miteinander in Wechselwirkung stehen, und respektiert diese natürlichen Kreisläufe und Zusammenhänge. Statt massiv einzugreifen, versucht er, die Kreisläufe möglichst sanft in seinem Sinne zu lenken.
Das sollten Sie beachten: Wegen des Verzichts auf hohe Mineraldüngergaben, die Gemüse und Früchte groß, aber oft auch geschmacklos heranreifen lassen, sind die Ernten im biologischen Garten meist nicht ganz so üppig wie in einem konventionell bearbeiteten und gedüngten Garten. Aber die Früchte des biologischen Gartens sind wohlschmeckend, voller wertvoller Vitamine und Mineralstoffe, und sie können unbedenklich verzehrt werden, weil sie kaum Schadstoffe enthalten. Ganz ohne Schadstoffe sind sie deshalb nicht, weil die Luft,

mit der wir leben müssen, einiges an Umweltgiften enthält, die auch in den biologisch bewirtschafteten Garten gelangen. Gerade deshalb ist es aber wichtig, weitere Schadstoffe zu vermeiden und zum Beispiel keine giftigen Schädlingsbekämpfungsmittel zu verwenden.

Lebendiger Boden – Grundlage für gesundes Pflanzenwachstum

Im biologischen Garten wird nicht in erster Linie die Pflanze ernährt, sondern der Boden. Er ist die natürliche Grundlage für alles Wachstum, und seine Fruchtbarkeit bestimmt die Ernten, die wir von ihm gewinnen können. Je mehr Sie über Ihren Gartenboden wissen, desto besser können Sie ihn pflegen. Die wichtigsten Punkte, über die Sie Bescheid wissen sollten, sind Bodenaufbau, Bodenart, Nährstoffgehalte und der pH-Wert.

Der Bodenaufbau

Jeder Boden ist durch Verwitterung von Gestein entstanden. Das Ausgangsgestein kann dabei nackter Fels sein, aber zum Beispiel auch lockerer Schiefer, Löß (Lehm), Kiesgeröll oder Sandstein.

7 wichtige Regeln für den Biogärtner

1 Lassen Sie den Boden nie »nackt« liegen. Schützen Sie ihn durch eine Mulchdecke oder durch dichte Bepflanzung (→ Seite 38).
2 Ersetzen Sie Monokulturen durch einen wohldurchdachten Anbau in Mischkultur (→ Seite 22).
3 Anstatt die Pflanzen mit Mineralsalzen (Kunstdünger) chemisch zu düngen, fördern Sie das Bodenleben (→ Seite 17).
4 Als Zusatznahrung für die Pflanzen verwenden Sie Dünger, die die Natur liefert. Das können Pflanzenjauchen, Kompost, Mist, Hornspäne, Knochenmehl oder Naturmineralien (Kalk, Steinmehl) sein.

5 Kompostieren Sie alle Pflanzenabfälle (→ Seite 44). Damit geben Sie dem Boden einen Teil der Nährstoffe, die ihm durch die Pflanzen entzogen wurden, direkt wieder zurück.
6 Anstatt Schädlinge und Krankheiten mit der chemischen Keule zu bekämpfen, stärken Sie die natürlichen Abwehrkräfte der Pflanzen und fördern die Vermehrung von Nützlingen (→ Seite 56).
7 Und denken Sie daran: Ein Biogarten ist keine »gute Stube«. Nur wenn er nicht ständig ordentlich aufgeräumt ist, finden sich Nützlinge ein, die den Gärtner bei der Bekämpfung der Schädlinge unterstützen.

Der Traum jedes Gärtners – üppige Ernten aus dem eigenen Garten.

Entsprechend unterschiedlich sind die daraus entstandenen Böden. Generell kann man aber zwei Schichten über dem Ausgangsgestein unterscheiden:

Mineralschicht. So nennt man die Bodenschicht, die direkt über dem Ausgangsgestein liegt und aus verwittertem Gestein besteht. Nur Tiefwurzler können bis in diese Schicht vordringen und dort Wasser und Nährstoffe aufnehmen.

Humusschicht. So heißt die obere, dunkel gefärbte Bodenschicht, die nicht nur mineralische Bestandteile

enthält, sondern auch einen großen Anteil an verrotteten Pflanzenresten, den Humus. Diese Schicht ist meist 20 bis 30 cm stark und bildet sozusagen die Speisekammer der Pflanzen. Wie das bei Speisekammern üblich ist, muß sie immer wieder nachgefüllt werden. Das heißt: Die Nährstoffe, die durch die Ernten entnommen werden, müssen durch Düngung wieder ersetzt werden.

Die Rolle der Bodenlebewesen

In der Humusschicht leben Billionen von Kleinlebewesen: Bakterien, Pilze, Geißeltierchen, Nematoden, Ringelwürmer, Regenwürmer, Käfer und viele andere. Die meisten davon sehen wir mit bloßem Auge gar nicht. Sie ernähren sich von den Bestandteilen des Bodens, von den in Wasser gelösten Mineralien, von Pflanzenresten und von all den Substanzen, die der Gärtner dem Boden zugibt: Kompost, Stallmist und andere organische Dünger. Durch ihre Tätigkeit werden die

Idealer Gartenboden – humos, krümelig und gut durchwurzelt.

halten sind, vernichten das Bodenleben auf lange Zeit. Dasselbe gilt für giftige Pflanzenschutzmittel. Und wenn der Boden »tot« ist, können darauf auch keine Gemüsepflanzen gedeihen.

Verschiedene Bodenarten

Kein Boden gleicht dem anderen. Oft lassen sich sogar innerhalb eines einzelnen Gartens Unterschiede in der Bodenbeschaffenheit feststellen. Der Grund liegt in der Urgeschichte unseres Planeten Erde. Im Laufe von Jahrmillionen entstand an der Erdoberfläche ein Mosaik aus vielen unterschiedlichen Gesteinsarten. Und aus verschiedenen Gesteinen bildeten sich verschiedene Bodenarten.

Grundsätzlich unterscheidet man leichte, mittlere und schwere Böden. Dazwischen gibt es allerdings viele Variationen.

So testen Sie Ihren Boden:
Wenn Sie wissen wollen, welche Bodenart Sie in Ihrem Garten haben, nehmen Sie an mehreren Stellen jeweils eine Handvoll Erde auf und pressen diese fest in der Faust zusammen.

• Fällt die Erde beim Öffnen der Hand gleich wieder auseinander, handelt es sich um leichten Sandboden.

• Bilden sich beim Öffnen der Hand grobe Krümel, dann haben Sie einen mittleren Boden.

• Halten Sie einen festen Ballen Erde in der Hand, handelt es sich um schweren, tonigen Boden.

Der ideale Gartenboden ist mittelschwer, locker und feinkrümelig.

organischen Düngerstoffe in komplizierten chemischen Prozessen in kleinere Bestandteile zerlegt. Dabei werden auch Nährstoffe für die Pflanzen frei, wie zum Beispiel der wichtige Stickstoff. Andererseits bauen die Bodenlebewesen aus bestimmten organischen Stoffen den kostbaren Dauerhumus auf, der für den Boden so wertvoll ist, weil er Wasser und Nährstoffe wie ein Schwamm speichern kann.

Alle Bodenlebewesen sind Spezialisten, jede Art hat ihre eigene Aufgabe. Zusammen mit den übrigen Bestandteilen des Gartenbodens bilden sie eine perfekt aufeinander abgestimmte Gemeinschaft, ein »Biotop«.

Für den Biogärtner heißt das: Er muß mit dem Boden sorgsam umgehen. Schon Umgraben kann das Bodenbiotop empfindlich stören, denn alle Bodenlebewesen haben ihren speziellen Lebensraum, für den sie geschaffen sind. Gelangen die Mikroorganismen beim Umgraben in höher oder tiefer gelegene Bodenschichten, sterben sie ab. Auch die Salze, die in Mineraldüngern ent-

Was Pflanzennährstoffe bewirken

	richtige Dosierung	Überangebot	Mangel
Stickstoff (N)	fördert Trieb- und Blattwachstum	triebiger Wuchs, hoher Wassergehalt, krankheitsanfällig, schlechte Haltbarkeit	gelbliche Blätter, schwächliches Wachstum
Phosphor (P)	fördert Blüten- und Fruchtbildung sowie Aufbau der Zellen	Stoffwechselstörungen, Eisen und Kupfer können nicht aufgenommen werden	rötlich-bräunliche Blattverfärbung, geringer Fruchtansatz; häufig auf stark sauren und alkalischen Böden
Kalium (K)	fördert Wurzel- und Knollenbildung, kräftigt das Pflanzengewebe	Wachstumsstockung	Blätter verfärben sich an den Rändern braun und sterben anschließend ab
Magnesium (Mg)	fördert Blattgrünbildung	tritt selten auf	Gelbfärbung der unteren Blätter, Blattadern bleiben grün; tritt häufig auf sauren Böden auf
Calcium (Ca)	fördert Wurzel- und Sproßwachstum	führt zu Phosphormangel	verringertes Wurzelwachstum
Eisen (Fe)	regelt den Energiestoffwechsel	Blätter verfärben sich dunkel- bis blaugrün, Wurzeln bräunlich	Gelbfärbung der oberen Blätter, Blattadern bleiben grün
Molybdän (Mo)	fördert Stickstoffverwertung in der Pflanze	kommt nicht vor	Blattmißbildungen, vor allem bei Kohl; in sauren Böden

Leichte Böden

Sie bestehen aus Sand oder lehmigem Sand, erwärmen sich schnell, sind wasserdurchlässig, gut belüftet und lassen sich leicht bearbeiten. Ihre Nachteile: Sie enthalten von Natur aus wenig Nährstoffe, und zugegebene Dünger werden schnell ausgewaschen. Wasser fließt ebenfalls schneller ab, als die Pflanzen es verwerten können.

So können Sie leichte Böden verbessern: Bringen Sie möglichst viel Kompost und andere organische Stoffe aus, damit sich allmählich eine wasserspeichernde Humusschicht bildet. Tonhaltiges Steinmehl (Bentonit) verbessert die Wasser- und Nährstoffspeicherung. Eine Mulchschicht hilft gegen Austrocknen.

Mittlere Böden

Sie bestehen aus Lehm oder sandigem Lehm und sind ideal für einen Gemüsegarten. Sie enthalten ausreichend Mineralien, speichern die zugeführten Nährstoffe und das Wasser und sind recht leicht zu bearbeiten. Mittlere Böden müssen selten verbessert werden; mit Kompost versorgt und gemulcht bringen sie gute Ernten.

Schwere Böden

Sie bestehen zum größten Teil aus Ton oder lehmigem Ton, sind sehr schwer und oft wasserundurchlässig, was zu Staunässe führt. Das vertragen Gemüsepflanzen nicht. Diese Böden sind so dicht, daß Wurzelgemüse (zum Beispiel Möhren, Rettiche) gar nicht darin wachsen kann. Auch die Bodenlebewesen haben Schwierigkeiten, in tonigen Böden Nahrung und Sauerstoff zu finden – solche Böden sind meist wenig belebt.

Für Radieschen findet sich immer ein Platz, hier zwischen Zwiebeln.

So können Sie schwere Böden verbessern: Arbeiten Sie grobe Bestandteile, zum Beispiel Sand, in den Boden ein. Säen Sie jeden Herbst tiefwurzelnde Gründüngung aus (zum Beispiel Winterraps, Ölrettich, → Tabelle, Seite 18). Mit langen Pfahlwurzeln machen sie den Boden durchlässig – nicht nur für Sauerstoff und Wasser, auch für den Regenwurm. Außerdem tragen sie zum Aufbau von Humus bei, der den Boden lockert. Auf Mulch sollten Sie besser verzichten, denn der Boden wird darunter nicht warm genug.

Nährstoffe im Boden
Böden enthalten von Natur aus unterschiedliche Mengen an Nährstoffen. Durch eine Bodenanalyse (→ Seite 17) können Sie die Nährstoffgehalte Ihres Bodens feststellen lassen.
Die wichtigsten Pflanzennährstoffe sind:
• Stickstoff (N),
• Phosphor (P),
• Kalium (K),
• Magnesium (Mg),
• Calcium (Ca).

Die Rolle der Spurenelemente:
Einige Nährstoffe, wie zum Beispiel Eisen (Fe), Mangan (Mn), Bor (B), Molybdän (Mo), Kupfer (Cu) und Zink (Zn) werden von den Pflanzen nur in ganz geringen Mengen gebraucht. Sie heißen deshalb Spurennährstoffe. Trotzdem dürfen sie im Boden nicht fehlen, weil sie für die Ernährung der Pflanzen wichtig sind.

Für alle Nährstoffe gilt: Ist zu wenig oder auch zu viel im Angebot, kümmern die Pflanzen (→ Tabelle, Seite 7). Vor allem bei Überdüngung mit Stickstoff werden die Pflanzenzellen übermäßig groß, die Zellwände dünn: ideale Bedingungen für Blattläuse und andere Schadinsekten.

Was Sie über den pH-Wert wissen sollten

Mit dem pH-Wert kennzeichnen die Gärtner den Säuregrad des Bodens. Er ist entscheidend für die Verfügbarkeit von Nährstoffen und ihre Aufnahme durch die Pflanzenwurzeln. Pflanzen haben ganz unterschiedliche Ansprüche an den Säuregrad. Manche mögen ausgesprochen sauren Boden (zum Beispiel Rhododendren und Azaleen), doch die meisten bevorzugen neutrale Bedingungen. Gemüsepflanzen gedeihen im schwach sauren bis neutralen Bereich am besten, also bei pH-Werten von 6 bis 7. Böden haben von Natur aus unterschiedliche pH-Werte, doch auch der »saure Regen« und die Versorgung mit Kalk spielen dabei eine Rolle. Den pH-Wert Ihres Bodens können Sie mit einfachen Teststäbchen messen, die mit genauer Anleitung im Fachhandel erhältlich sind. Liegt der pH-Wert Ihres Bodens unter 6, so müssen Sie dem Boden Kalk zuführen. Am einfachsten geschieht das bei der jährlichen Bodenbearbeitung im Herbst (→ Seite 18).

Wissenswertes über Gemüsepflanzen

Die meisten unserer Gemüsepflanzen kamen aus Ländern mit völlig anderen klimatischen Bedingungen zu uns. Durch jahrhundertelange Auslese und durch die moderne Züchtung wurden sie so manipuliert, daß sie große Erträge bringen, gut schmecken oder schön aussehen.

Das bedeutet aber auch, daß sie meist die Robustheit der Wildpflanzen verloren haben und nicht ohne Pflege wachsen können. Wenn Sie reiche Ernten erzielen wollen, müssen Sie ihre Ansprüche berücksichtigen.

Pflanzenteile und ihre Aufgaben

Jede Pflanze besteht aus einem oberirdischen Teil, dem Sproß, und einem unterirdischen Teil, der Wurzel. Der Sproß trägt Blätter, Blüten und Früchte.

Selten ist an einer Gemüsepflanze alles genießbar. Meist ist es nur ein bestimmter Teil, von dem die Menschen entdeckten, daß er gut schmeckt, nahrhaft oder vitaminreich ist. Durch Auslese und Züchtung wurde dieser Teil dann besonders gefördert. So entstanden die verschiedenen Gemüsearten. Auch wenn uns bei Gemüsepflanzen jeweils nur ein ganz bestimmter Teil interessiert, so braucht die Pflanze doch alle ihre Teile für ihr Wachstum. Der Biogärtner sollte darüber Bescheid wissen, damit er seine Pflegemaßnahmen exakt auf die Bedürfnisse der Pflanzen abstimmen kann.

Wurzeln für Halt und Nährstoffaufnahme

Die Wurzel verankert die Pflanze im Boden. Ihre wichtigste Aufgabe ist aber, Wasser und Nährstoffe aus dem Boden aufzunehmen. Wurzeln können ganz unterschiedlich geformt sein. Manche Pflanzen haben ein weitverzweigtes, flaches Wurzelsystem, andere eine lange Pfahlwurzel. Manche Pflanzen lagern Nährstoffe in ihren Wurzeln ein. Aus solchen Arten entstanden die Wurzelgemüse, wie zum Beispiel Möhren und Pastinaken. Wichtig für den Biogärtner: Die Wurzel nimmt nicht nur Nahrung auf, sie scheidet auch Säuren aus, durch die Nährstoffe aus den Boden-

mineralen gelöst und damit für die Pflanze verfügbar werden. Wenn Sie über mehrere Jahre immer dieselbe Gemüseart auf einem Beet anbauen, dann werden dem Boden einseitig Nährstoffe entzogen und bestimmte Pflanzensäuren zugefügt, er wird »müde« und unfruchtbar. Die Wurzelausscheidungen beeinflussen auch die Nachbarpflanzen – positiv oder negativ. So gibt es »gute« und »schlechte« Nachbarn, solche, die sich durch ihre Wurzelausscheidungen gegenseitig im Wachstum fördern oder hemmen (→ Tabelle, Seite 23). Und auch das sollte der Gärtner wissen: Der obere Teil einer Pflanze ist immer so konstruiert, daß abfließendes Regenwasser dorthin gelangt, wo es gebraucht wird. Bei ausladenden krautigen Pflanzen wie Weißkohl also nach außen an die Wurzelenden, wo die Haarwurzeln sitzen, bei Pflanzen mit Pfahlwurzeln, wie zum Beispiel Möhren, nach innen direkt an die Rübe. Wer seine Pflanzen entsprechend gießt, kann sie auch mit geringen Wassermengen optimal versorgen.

Blätter für die Photosynthese

Die Pflanze ernährt sich nicht nur aus der Wurzel, sie produziert auch Nahrung in ihren Blättern. Mit Hilfe von Blattgrün und Sonnenlicht kann sie aus Wasser und dem Kohlendioxid der Luft Zucker und Stärke herstellen. Dieser Vorgang wird Photosynthese genannt. Außerdem schützen Blätter die Samenhülsen vor zuviel Sonne und reduzieren die Wasserverdunstung, indem sie schlapp hängen oder sich zusammenrollen.

Blätter können weich und zart sein wie beim Kopfsalat oder derb und kräftig wie bei vielen Kohlarten. Wichtig für den Biogärtner: Zum Aufbau von Zucker und Stärke brauchen alle Gemüsepflanzen reichlich Licht. Besonders wichtig ist das für Frucht-, Wurzel- und Knollengemüse, bei denen in den Pflanzen viel Zucker und Stärke eingelagert werden. Sie dürfen ihnen deshalb auch nicht vermeintlich »überflüssige« Blätter wegnehmen, denn ohne diese Blätter kann die Pflanze sich nicht mehr optimal ernähren und bildet weniger Früchte oder kleinere Knollen. Bei Blattgemüsen dagegen will der Gärtner die Blüten- und Samenbildung gerade vermeiden. Bei ihnen werden die Blätter deshalb schon vorher geerntet, entweder komplett auf einmal (zum Beispiel beim Schnittsalat) oder langsam nach und nach (zum Beispiel beim Pflücksalat).

Blüten und Früchte zur Fortpflanzung

Blüten und Früchte dienen der Fortpflanzung. Was der Mensch bei Fruchtgemüsen verzehrt, zum Beispiel bei Tomaten, Gurken, Bohnen und Zucchini, sind die Samen und ihre schützende Hülle, bei Erbsen meist nur die Samen, bei Paprika nur die Hülle.

Wichtig für den Biogärtner: Von dem Augenblick an, in dem die Pflanze Samen und Früchte bildet, geht ihre ganze Kraft in diesen Vorgang. Alle übrigen Teile werden jetzt unwichtig, sie verlieren ihre Zartheit, werden zäh, holzig oder bitter. Wenn also Pflanzen, bei denen es uns auf die Blätter oder Wurzeln und nicht auf die Früchte ankommt – zum Beispiel bei Salat, Rettich, Kohl oder Zwiebeln –, zu blühen beginnen (man nennt das Schossen oder Schießen), werden die eßbaren Teile ungenießbar. Um dies zu vermeiden, wird entweder zu einem so frühen oder so späten Zeitpunkt gepflanzt, daß die Blüte unmöglich wird, oder die »Schosser« werden herausgebrochen (wie zum Beispiel bei Zwiebeln).

Umstellung auf biologischen Anbau

Wer bisher seinen Garten nach herkömmlichen Methoden bewirtschaftete und auf biologischen Anbau umstellt, muß Geduld haben. In den ersten zwei bis drei Jahren werden die Ernten kleiner sein als erwartet, es wird Rückschläge geben, und auch die Schädlinge sind nicht von einem Jahr auf das andere in den Griff zu bekommen.

So gehen Sie bei der Umstellung auf biologischen Anbau vor:

1. Schritt (1. Jahr, Frühherbst): Lassen Sie eine Bodenanalyse machen, damit Sie wissen, welche Nährstoffe Ihrem Boden fehlen und welche ausreichend oder gar im Übermaß vorhanden sind. Bei sandigen Böden wird etwas Gesteinsmehl oberflächlich eingearbeitet. Säen Sie die abgeernteten Beete mit einer geeigneten Gründüngung ein (→ Tabelle, Seite 18). Gleichzeitig legen Sie den Kompostplatz mit dem ersten Komposthaufen an (→ Praxis Kompostieren, Seite 44).

2. Schritt (1. Jahr, Frühwinter): Die Gründüngung friert bei den ersten Frösten ab. Sie bleibt auf dem Beet liegen. Messen Sie jetzt den pH-Wert des Bodens (→ Seite 19). Bei Werten unter 6 streuen Sie 100 g kohlensauren Kalk pro m² über die Gründüngung. Besonders günstig ist Algenkalk (kohlensaurer Kalk aus Meeresalgen), da er viele Spurenelemente und organische Substanzen mit hochwertigen Aminosäuren enthält. Wo Nährstoffe fehlen, wird eine dünne Schicht verrotteter Mist oder schleierdünn Horn-, Blut-, Knochenmehl aufgestreut. Darüber packt man dick Stroh. Unter diesem warmen Wintermulch können die Bodenlebewesen auch den Winter über aktiv bleiben und sich im zeitigen Frühjahr rasch vermehren.

3. Schritt (2. Jahr, ab März): Nehmen Sie die Mulchschicht ab und legen Sie damit den zweiten Komposthaufen an. Lockern Sie den Boden mit Grabegabel oder Sauzahn. Säen Sie dann die Beete mit Spinat oder Gelbsenf ein. Diese Vorsaat wird nach und nach vor dem Bepflanzen und Einsäen der Beete herausgezogen und bleibt als Mulch auf dem Boden liegen.

4. Schritt (2. Jahr, nach Austrieb oder Pflanzung, wenn die Pflanzen etwa 15 cm hoch sind): Bedecken Sie bei leichten und mittelschweren Böden den Boden unter den Kulturpflanzen mit einer dünnen Mulchschicht, die immer wieder erneuert wird. Düngen Sie nach Bedarf mit Pflanzenjauchen.

5. Schritt (2. Jahr, Spätsommer): Verzichten Sie noch einmal auf Winterkulturen und säen Sie nochmals Gründüngung aus (diesmal am besten Pflanzen, die die Bodengesundheit fördern, wie zum Beispiel die im Fachhandel erhältliche Samenmischung 'Bodenkur', → Tabelle, Seite 18).

6. Schritt (2. Jahr, Herbst): Erneute pH-Messung und bei Bedarf Kalkung, wiederum Wintermulch.

7. Schritt (3. Jahr, ab März): Bestreuen Sie vor Aussaat und Pflanzung alle Beete dünn mit dem nun reifen Kompost.

Kapuzinerkresse lockt Läuse an – die benachbarten Gemüse bleiben verschont.

Die ersten Schritte sind entscheidend

Gurkensämling.

Wenn Sie den ganzen Sommer über frisches Gemüse aus dem eigenen Garten auf den Tisch bringen möchten, müssen Sie sorgfältig planen. Die Bodenvorbereitung im Herbst und im Frühjahr, die Aufteilung der Beete, Fruchtfolgen und Mischkulturen sind aufeinander abzustimmen.

Nur selten kann man sich Größe und Lage seines Gartens aussuchen. Doch mit etwas Wissen um die Bedürfnisse der Pflanzen und mit einigen Tricks können Sie aus fast jedem Stückchen Land einen fruchtbaren Gemüsegarten machen. Nur Grundstücke, die völlig im Schatten liegen, sind für den Anbau von Gemüse nicht geeignet.

Wieviel Platz ist nötig?

Zur kompletten Selbstversorgung braucht eine vierköpfige Familie einen Nutzgarten, der mindestens 500 m² groß ist. Diesen Platz wird man nur in den seltensten Fällen zur Verfügung haben – und noch weniger die Zeit, einen so großen Garten zu bewirtschaften. Eine generelle Regel aufzustellen, wie groß ein Garten sein sollte, welche Gemüsearten in welcher Menge angebaut werden sollten, ist nicht möglich. Denn was im Gemüsegarten gezogen wird, richtet sich ganz nach den Vorlieben der Familie, nach den Möglichkeiten der Vorratshaltung und natürlich nach den

klimatischen Verhältnissen. Viele Gartenbesitzer gehen heute dazu über, »herkömmliche« Gemüse, die es in guter Qualität und zu zivilen Preisen zu kaufen gibt, nicht selbst anzubauen, dafür aber Feinschmeckergemüse wie Brokkoli, Zuckererbsen, Grünspargel, die nicht überall erhältlich sind. Aber das ist Ansichtssache und jedem Gärtner selbst überlassen.

Ein günstiges Kleinklima schaffen

Die meisten unserer Gemüsearten stammen nicht von einheimischen Pflanzen ab. Ihre Vorfahren wurden von unseren Ahnen aus tropischen und subtropischen Ländern importiert, viele auch aus dem Mittelmeerraum.

Sie alle brauchen viel Wärme und sind empfindlich gegen Wind und starke Regenfälle.

Unser Klima können wir nicht ändern, doch mit einigen Tricks lassen sich die Bedingungen in der unmittelbaren Umgebung der Pflanzen, also das Kleinklima, ausreichend verbessern.

So wird's gemacht:

• Umgeben Sie den Gemüsegarten mit einer dichten Hecke (zum Beispiel aus Beerensträuchern oder Wildgehölzen) oder einem Zaun, der so hoch sein muß, daß die kalten Winde, die darüber fallen, nicht auf die Beete treffen.

7 Schritte zum fruchtbaren Gemüsegarten

1 Gemüse sollte wenigstens sechs Stunden pro Tag Sonne erhalten. Reservieren Sie deshalb für den Gemüseanbau den sonnigsten Teil Ihres Gartens.

2 Viele Gemüsearten sind sehr wärmebedürftig. Schaffen Sie ihnen ein behagliches Kleinklima (→ oben).

3 Unterteilen Sie den Gemüsegarten in einzelne Beete (→ Seite 13). Ein Frühbeet ist empfehlenswert, bei Hoch- und Hügelbeeten sollten Sie überlegen, ob sich der Aufwand für Sie lohnt (→ Seite 14 und 15).

4 Stellen Sie einen detaillierten Anbauplan auf. Planen Sie dabei Mischkultur und Folgekulturen ein (→ Seite 15).

5 Lassen Sie eine Bodenanalyse machen (→ Seite 17) und versorgen Sie Ihren Boden mit ausreichend Nährstoffen (→ Seite 18).

6 Setzen Sie Gründüngung zur Bodenregeneration und zur Humusanreicherung ein (→ Seite 17).

7 Bereiten Sie den Boden im Herbst und im Frühjahr gründlich für Aussaat und Pflanzung vor (→ Seite 18).

Violetter Brokkoli – ein Leckerbissen für Auge und Gaumen.

- Umpflanzen Sie die einzelnen Beete mit Buchshecken, Kräutern oder Sommerblumen.
- Setzen Sie Pflanzen, die viel Wärme brauchen, ins Frühbeet, wo sie es wärmer haben als auf dem Beet. Auch Vliese, Hauben und Folientunnels schaffen ein geschütztes Kleinklima.
- Pflanzen Sie Gurken, Tomaten, Paprika auf schwarze Mulchfolien, die viel Wärme an die Pflanzen abstrahlen.
- Besonders wärmehungrige Pflanzen wie Paprika und Auber-ginen sollten Sie ins Gewächshaus pflanzen, wenn Sie nicht in einer Weinbaugegend wohnen.

Mein Tip: Bauen Sie in kalten Landstrichen mit kurzen Sommern nur frühe Sorten an, die eine relativ kurze Vegetationsdauer haben.

Alles über Beete

Ein Gemüsegarten ist im allgemeinen in Beete aufgeteilt. Damit die Pflanzen den ganzen Tag optimale Besonnung haben, sollten die Beete in Nord-Süd-Richtung angelegt werden.

Die Länge eines Gartenbeetes richtet sich danach, wie groß der Garten ist und wie die Hauptwege angelegt sind. Beete können also ganz unterschiedlich lang sein.
Eine Breite von 1,2 m ist praktisch, denn man kann solch ein Beet ohne Mühe von beiden Seiten bis zur Mitte bearbeiten und trotzdem mehrere Gemüsearten in Mischkultur (→ Seite 15) darauf unterbringen.
Die Trittwege zwischen den Beeten sollten mindestens 30 cm breit sein.

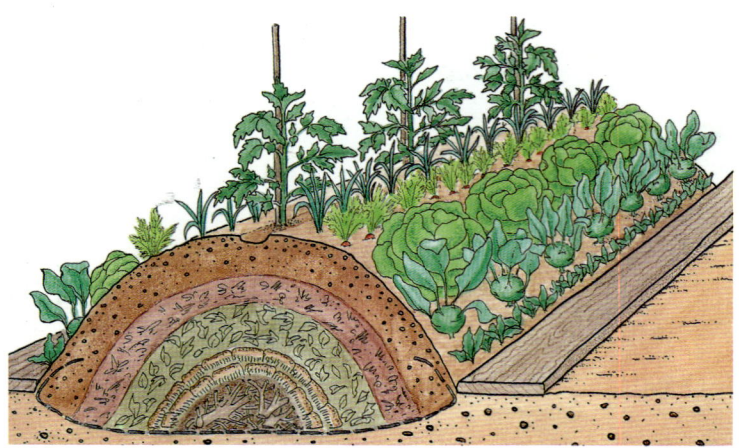

Hügelbeete müssen etwa alle 5 Jahre neu aufgebaut werden, da sie im Laufe der Zeit zusammensinken.

Spezielle Beetformen

Neben den üblichen Gartenbeeten gibt es das Tiefbeet, das Hügelbeet und das Hochbeet, die zwar beim Anlegen mehr Mühe machen, dafür aber entscheidende Vorteile bieten. Ein Frühbeet ist praktisch und vielseitig verwendbar.

Das Tiefbeet

Für ein Tiefbeet wird der Boden auf doppelte Spatentiefe gelockert. Die Pflanzenwurzeln entwickeln sich dadurch mehr in die Tiefe als in die Breite. Deshalb kann man auf einem Tiefbeet dichter pflanzen als auf einem normalen Beet.

So wird's gemacht: Beginnen Sie bei einem Beet von 1,2 m Breite und beliebiger Länge damit, an einem Ende einen Abschnitt auszuheben – spatentief und spatenbreit. Die ausgehobene Erde geben Sie in eine Schubkarre. Den darunterliegenden Boden mit der Grabgabel so tief wie möglich lockern. Anschließend gehen Sie auf dem Beet ein Stück weiter und heben den nächsten Abschnitt aus, direkt im Anschluß an den ersten. Die Erde, die Sie jetzt im zweiten Abschnitt ausstechen, legen Sie auf den gelockerten Boden des ersten Abschnitts. Der Boden unter dem zweiten Abschnitt wird ebenfalls tief gelockert. Dann gehen Sie weiter zum nächsten Abschnitt. So weiterarbeiten bis zum Ende des Beets. Den letzten Abschnitt nach dem tiefgründigen Lockern mit der Erde aus der Schubkarre auffüllen. Dieses zweistöckige Lockern des Bodens nennt man »Rigolen«.

Das Hügelbeet

Hügelbeete (→ Zeichnung links oben) werden aus verschiedenen Materialien etwa 1 m hoch aufgeschichtet. Der Aufwand lohnt sich, denn Hügelbeete bieten mehr Platz und sind fruchtbarer als normale Beete, weil in ihnen eine ähnliche Rotte wie im Komposthaufen abläuft. Allerdings trocknen sie rasch aus, müssen also regelmäßig gegossen werden. Hügelbeete können Sie beliebig lang anlegen, als Breite empfiehlt sich 1,4 bis 1,6 m.

So wird's gemacht: Eine Grube in der gewünschten Länge und Breite 25 cm tief ausheben, die Erde zur Seite legen. Als Schutz vor Wühlmäusen die Grube mit ummanteltem Maschendraht auskleiden, der an allen Seiten mindestens 20 cm überstehen sollte. Der überstehende Rand wird nach innen geschlagen, sobald die Grube mit Material aufgefüllt ist. Als unterste Schicht etwa 40 cm hoch zerkleinerte Zweige oder

Ein Hochbeet entspricht im Aufbau dem Hügelbeet, doch wegen des stabilen Rahmens ist es länger haltbar.

Stengel einlegen, darauf eine 15 cm hohe Schicht Rasensoden, Rasenschnitt oder unverrottete Gartenabfälle, darüber etwa 25 cm hoch angefeuchtetes Herbstlaub, darauf halbverrotteten Kompost (etwa 15 cm hoch), und darüber die aus der Grube genommene Erde, mit Kompost vermischt. Auf der Kuppe des Hügelbeets sollten Sie eine Gießrille formen, damit das Wasser beim Gießen nicht sofort abläuft.

Mein Tip: Bauen Sie auf einem Hügelbeet im ersten Jahr nur Starkzehrer an, denn bei der beginnenden Rotte werden reichlich Nährstoffe freigesetzt.

Das Hochbeet

Hochbeete (→ Zeichnung, Seite 14 unten) werden wie Hügelbeete geschichtet, sind aber dauerhafter, da sie in einem stabilen Aufbau angelegt werden. Sie können früh und eng bepflanzt werden, weil der Boden darin rasch warm wird und einen hohen Nährstoffgehalt hat.

So wird's gemacht: Heben Sie eine Grube von 30 cm Tiefe, 1,30 m Breite und beliebiger Länge aus. Bauen Sie aus Rundhölzern und Bohlen, aus Ziegelsteinen oder Wellplatten einen stabilen Kasten mit einer Höhe von etwa 50 bis 90 cm über dem Boden. Holz, falls es nicht tiefdruckimprägniert ist, mit Holzpech streichen. Kleiden Sie den Boden zum Schutz gegen Wühlmäuse mit Kükendraht aus. Nun füllen Sie diesen Behälter mit denselben Schichten wie beim Hügelbeet auf. Wenn die Füllung nach den ersten Jahren langsam verrottet und absackt, dann von oben frischen Kompost nachfüllen.

Das Frühbeet

Das Frühbeet (→ Foto, Seite 27) ist ein Kasten zur Anzucht von Setzlingen und für die ersten Frühgemüse im zeitigen Frühjahr. Später werden hier wärmeliebende Gemüse angebaut, die man bei kühlen Nächten schnell abdecken kann.

So wird's gemacht: Bauen Sie einen Kasten ohne Boden, bei dem die Rückseite etwa 25 cm höher ist als die Vorderseite, die nach Süden gerichtet sein muß. Die schräge Oberfläche wird mit Glasfenstern oder auf Rahmen gespannten Folien bedeckt. Fertige Frühbeetkästen sind im Fachhandel erhältlich.

Den Anbauplan aufstellen

Was auf den Beeten angepflanzt wird, muß mit Umsicht geplant werden. Im Gemüsegarten will man den meist ohnehin bescheidenen Platz optimal nutzen. Dafür bietet sich einerseits die Mischkultur an, bei der mehrere Gemüsearten gleichzeitig auf dem Beet stehen. Daneben können Sie auch noch dafür sorgen, daß einige Beete vom Frühjahr bis zum Winter mit aufeinander folgenden Kulturen ständig bepflanzt sind. Dabei müssen Sie immer darauf achten, daß sich alle Pflanzen, die gleichzeitig oder nacheinander auf einem Beet stehen, miteinander vertragen. Hinweise für die Planung finden Sie auf den Seiten 20 bis 23.

Erst wenn die Anbauplanung steht, können Sie an Bodenvorbereitung und Düngung denken, denn diese richten sich ja nach den Bedürfnissen der jeweiligen Pflanzen.

Mein Tip: Planen Sie nicht nur in Gedanken, sondern machen Sie auf einem Blatt Papier einen detaillierten Gartenplan. Und tragen Sie dort das ganze Jahr über ein, wie gut oder wie schlecht die Kombinationen funktioniert haben. Dieser Plan ist dann Grundlage für die Planung des nächsten Jahres.

Mischkultur

Mischkultur heißt: Zwei oder mehr verschiedene Gemüsearten werden gemeinsam auf ein Beet gepflanzt. Mischkultur spielt im Biogarten eine wichtige Rolle, denn sie bietet viele Vorteile.

- Sie sparen Platz, vor allem, wenn Sie »auf Lücke«, also versetzt, pflanzen.
- Durch ihre Wurzelausscheidungen können sich bestimmte Nachbarn gegenseitig fördern (→ Tabelle, Seite 23).
- Manche Pflanzen schützen ihre Nachbarn vor Schädlingen und Krankheiten (→ Seite 48).

Wichtig: Die Kombinationen müssen gut geplant und durchdacht sein. Worauf Sie dabei achten sollten, steht auf den Seiten 22 und 23.

Folgekulturen

Es gibt Gemüsearten, die ein Beet fast den ganzen Sommer über belegen. Man bezeichnet sie als Hauptkulturen. Dazu zählen zum Beispiel Tomaten, Zucchini, Gurken, alle Kopfkohl-Arten, Sellerie, Neuseeländer Spinat. Andere brauchen nur einige Wochen, bis sie erntereif sind. Diese können als Vor-, Zwischen- oder Nachkultur angebaut werden. Was Sie dabei beachten müssen, finden Sie auf Seite 21.

Als Vorkultur bezeichnet man Gemüsepflanzen, die im Frühjahr vor einer Hauptkultur angebaut werden. Typische Vorkulturen sind Salat, Radieschen, Kohlrabi.

Zwischenkulturen sind Gemüsepflanzen, die zusammen mit einer Hauptkultur angebaut werden, aber nicht so lange bis zur Erntereife brauchen wie die Hauptkultur.

Nachkulturen werden erst im Spätsommer oder Herbst ausgesät oder gepflanzt, wenn die Hauptkultur abgeräumt ist. Typische Nachkulturen sind Feldsalat und Maizwiebeln.

Fruchtfolgen

Den jährlichen Wechsel verschiedener Gemüsearten auf einem Beet nennt der Gärtner Fruchtfolge. Häufig wird dafür auch der Ausdruck Fruchtwechsel verwendet, denn bis auf wenige Ausnahmen (zum Beispiel Tomaten) sollten Sie nie zwei Jahre nacheinander dieselbe Art auf dasselbe Beet pflanzen, sondern die Früchte wechseln. Dafür gibt es im wesentlichen zwei Gründe:

● Viele Bodenschädlinge sind auf eine bestimmte Pflanzenfamilie spezialisiert. Wenn Sie als Folgekultur eine ganz andere Art anbauen, dann finden diese Schädlinge keine Nahrung mehr und verschwinden aus dem Beet.

● Einige Pflanzenarten gedeihen nicht nach sich selbst (zum Beispiel Zwiebeln, Rote Bete), weil sie ihre eigenen Wurzelausscheidungen nicht vertragen.

Hinweis: Beim Fruchtwechsel ist es sinnvoll, die Pflanzen nach ihrem Nährstoffbedarf in Schwach-, Mittel- und Starkzehrer einzuteilen und diese Gruppen im Wechsel nacheinander anzubauen (→ Praxis Planen, Seite 20).

Bodenvorbereitung

Wenn der Anbauplan steht, sollten Sie an die Bodenvorbereitung denken. Denn nur wenn Bodenstruktur und Nährstoffangebot stimmen, wachsen die Pflanzen gesund, vitaminreich und schmackhaft heran.

◁ *Den Platz ausnützen.*
Mit Mischkultur läßt sich auf den Beeten sehr viel unterbringen. Günstig sind Kombinationen von Pflanzen mit steilem und mit rosettenförmigem Laub, zum Beispiel Kohlrabi und Salat.

Kennen Sie Ihren Boden?

Um gezielt düngen zu können, müssen Sie die Nährstoffgehalte Ihres Bodens kennen. Es ist ein weitverbreiteter Irrtum, daß biologisch bewirtschaftete Gärten nicht überdüngt werden können. Sie sind es oft, vor allem deshalb, weil man die Nährstoffe nicht so genau dosieren kann. Zeigen die Pflanzen dann Mangelerscheinungen, wird schnell nachgedüngt – und schon ist des Guten zuviel getan. Die Folgen der Überdüngung:

● Nitrataustrag ins Grundwasser,
● hoher Nitratgehalt in den Pflanzen,
● zu triebige Pflanzen, die dann von Schädlingen befallen werden,
● Wachstums- und Reifestörungen,
● Geschmacksverlust.

Lassen Sie eine Bodenanalyse machen

Weil man dem Boden nicht ansieht, ob er zuviel oder zuwenig an Nährstoffen enthält und ob sie auch im richtigen Verhältnis zueinander stehen, sollten Sie alle drei Jahre im Herbst eine Bodenanalyse machen lassen. Diese Analysen werden von speziellen Bodenuntersuchungsstellen in allen Bundesländern durchgeführt (→ Adressen, Seite 110). Auf Anfrage erhalten Sie dort auch genaue Anleitungen für das Entnehmen einer Bodenprobe. Geben Sie immer an, daß Sie ihren Garten biologisch bestellen wollen, damit Sie die entsprechenden Düngeempfehlungen erhalten.

Gründüngung zur Förderung des Bodenlebens

Zur Verbesserung des Bodens, aber auch zum Lockern und Düngen werden im biologischen Garten spezielle Gründüngungspflanzen (→ Tabelle, Seite 18) eingesetzt. Sie lüften mit ihrem dichten Wurzelwerk den Boden und fördern nachhaltig das Bodenleben. Mit tiefgehenden Wurzeln nehmen sie Nährstoffe aus tiefen Bodenschichten auf, die nach dem Verrotten den nachfolgenden Kulturen zugutekommen.

Leguminosen (zum Beispiel Lupinen, Rot- und Weißklee, Wicken) sind eine ganz besondere Art der Gründüngung. Diese Pflanzen leben in Symbiose mit bestimmten Bakterien, bilden mit ihnen sozusagen eine Arbeitsgemeinschaft, um Stickstoff aus der Luft zu gewinnen und in Wurzelknöllchen abzulagern. Werden die Leguminosen vor der Blüte abgemäht, bevor sie allen gesammelten Stickstoff verbraucht haben, kommt dieser Nährstoff dem Boden (und den später darin wachsenden Pflanzen) zugute. Allerdings funktioniert das Stickstoffsammeln nur, wenn der Boden wenig Stickstoff enthält. Vor dem Anbau von Leguminosen also keinen stickstoffreichen Dünger ausbringen.

So wird's gemacht: Säen Sie die abgeernteten Gemüsebeete bis Ende August mit Gründüngungspflanzen ein. Wählen Sie dabei eine Art aus, die für die speziellen Probleme Ihres Bodens gut geeignet ist (→ Tabelle, Seite 18). Ende Oktober mähen Sie die Pflanzen ab und lassen sie auf dem Beet liegen. Anschließend den Boden mit der Grabegabel lockern, Algenkalk auf die Pflanzenreste streuen und eine Mulchschicht aus Stroh auflegen. Ist die Blattmasse der Gründüngung groß, kann auf zusätzliches Mulchen verzichtet werden. Dann brauchen Sie die Pflanzen auch nicht abzumähen, sie frieren ab.

Mein Tip: Wer erst im Frühjahr mit der biologischen Bodenkur beginnen möchte, sät im März/April aus und mäht die Gründüngung ab, bevor sie blüht. Der Boden wird anschließend gelockert und für die Bepflanzung vorbereitet. Die Gründüngungsreste können als Mulch liegenbleiben.

Bewährte Gründüngungspflanzen

Name	Aussaat	Wirkung	Bemerkungen
Bienenfreund (Phacelia)	III-VIII	Bewirkt gute Bodengare.	Anspruchslos, gute Bienenweide.
Gelbsenf	III-IX	Unterdrückt Unkraut, wirkt bodendesinfizierend, wehrt Schnecken ab.	Nicht vor Kreuzblütlern anbauen!
Inkarnatklee	V-VII	Tiefgründige Lockerung und Stickstoffanreicherung.	Winterharte Leguminose.
Ölrettich	III-IX	Lockert schwere Böden.	
Ringelblume	IV-IX	Zur Nematodenbekämpfung.	Anspruchslos.
Wicken	IV-VIII	Stickstoffanreicherung.	Leguminose.
Winterraps	VIII-IX	Tiefwurzler, lockert den Boden.	Frosthart bis −15°C.
'Bodenkur'	IV-VIII	Fördert die Bodengesundheit.	Saatmischung.
'Gartendoktor'	IV-VIII	Zur Nematodenbekämpfung.	Saatmischung.

Bodenbearbeitung im Herbst
Eine gründliche Bodenbearbeitung im Herbst ist die Grundlage für reiche Ernten im folgenden Jahr. Beginnen Sie damit, sobald im Spätsommer die Beete abgeräumt sind. So gehen Sie dabei vor:
1 Lockern. Zuerst befreien Sie das Beet von Unkraut. Stechen Sie dann die Grabegabel im Abstand von jeweils 10 cm in den Boden und bewegen Sie den Gabelstiel einige Male vor und zurück.
2 Kalken. Das gelockerte Beet wird gekalkt – bei pH-Werten von 6 bis 7 mit Algenkalk, wenn die pH-Werte unter 6 liegen, mit kohlensaurem Kalk. Den Kalk dünn aufstreuen.
3 Düngen. Auf Beete für Starkzehrer (aber nicht auf Beete, auf denen Kohlarten gepflanzt werden sollen!) gibt man nun eine etwa 5 cm hohe Schicht angerotteten Stallmist. Den Mist nicht eingraben, weil sich sonst Bodenschädlinge zu stark vermehren. Steht Ihnen kein Mist zur Verfügung, können Sie auch organische Handelsdünger verwenden. Diese werden aber erst im Frühjahr ausgebracht (→ unten).
4 Mulchen. Auf die Düngerschicht kommt eine dicke Schicht Stroh, die den Boden warm hält.

Bodenbearbeitung im Frühjahr
Während des Winters ruht der Boden unter der schützenden Mulchschicht. Die Bodenlebewesen können sich darunter prächtig entwickeln und ihre Arbeit tun. Der Boden wird krümelig, locker und feucht statt naß und verdichtet, wie er es ohne Mulchschicht wäre. Wenn die Temperaturen Ende Februar tagsüber ansteigen, wird es Zeit, die Mulchschicht abzunehmen. Denn nun soll sich der Boden schnell erwärmen, was er unter der Strohdecke nicht kann. Auf leichten Sandböden kann der Mulch länger liegen bleiben, denn sie werden schneller warm. Im Frühjahr sind 3 Arbeitsschritte ausreichend:
1 Lockern. Ist der Wintermulch abgenommen, wird das Beet nochmals oberflächlich gelockert, denn eine feinkrümelige Oberfläche ist wichtig für die Aussaat. Nehmen Sie dazu die Pendelhacke, den Sauzahn oder den Krail.
2 Düngen. Verteilen Sie 3 bis 4 Wochen vor dem Säen oder Pflanzen auf allen Beeten, die nicht im Herbst mit Mist versorgt wurden, eine dünne Schicht Kompost, etwa 1 Eimer pro m². Der Kompost wird mit dem Krail leicht eingeharkt, damit er Kontakt mit der obersten Bodenschicht hat. Wenn nur wenig Kompost zur Verfügung steht, geben Sie ihn ausschließlich in die Saatrillen oder in die Pflanzlöcher.

Starkzehrer, die keinen Mist erhalten haben, versorgen Sie zusätzlich zum Kompost mit organischem Handelsdünger, den Sie schleierdünn auf die gelockerten Beete streuen und einharken.

3 Vorsaat. Viele Biogärtner säen im zeitigen Frühjahr die Beete mit einer Vorsaat ein (zum Beispiel Spinat, Senfsaat). Kurz vor der Bestellung der Beete wird diese Vorsaat abgemäht oder ausgerissen und bleibt als verrottende Mulchschicht liegen. Der Effekt: Der Boden ist nicht unbedeckt der Witterung ausgesetzt, er bleibt auch bei Trockenheit relativ feucht, und es bildet sich eine gute Schattengare.

Weitere Vorbereitungen

Wenn Sie die Bodenvorbereitung im Frühjahr abgeschlossen haben, sind die Beete bereit für Aussaat und Pflanzung. Doch viele Gemüsepflanzen brauchen eine Stütze oder ein Gerüst. Solche Rank- und Kletterhilfen sollten Sie noch vor der Aussaat anbringen. Sie tun sich dann leichter mit dem Säen, und es besteht auch nicht die Gefahr, daß Sie beim Einschlagen der Pfähle die Wurzeln verletzen.

Erbsen klettern gut an Reisig oder Maschendraht (→ Zeichnung rechts). Dazu etwa 1 m hohe, verzweigte Reiser unmittelbar neben den geplanten Reihen in den Boden stecken. Oder 80 cm hohen Maschendraht im Abstand von jeweils 1,5 m an etwa 1 m langen Stützpfählen befestigen und anschließend die Pfähle in den Boden schlagen. Werden sie an den Beetenden leicht schräg nach außen geneigt eingeschlagen, erhält die Konstruktion zusätzliche Festigkeit.

Für Stangenbohnen bauen Sie am besten zelt- oder dachförmige Stützen, denn einzelne Stangen fallen leicht um. Die Stangen sollten etwa 3 m hoch sein.

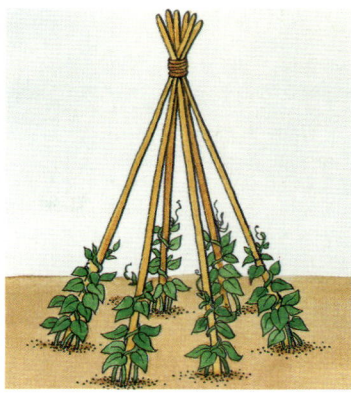

Für kleine Gärten sind zeltförmig aufgestellte Stützen ideal.

Die dachförmige Stützkonstruktion ist sehr beliebt.

• Für ein Zelt stellen Sie 4 bis 5 Stangen zusammen und binden sie oben mit Draht zusammen (→ Zeichnung oben links).

• Für eine dachförmige Konstruktion bilden Sie Doppelreihen. Die Stangen paarweise zusammenbinden, eine Firststange darüberlegen und diese gut befestigen (→ Zeichnung oben rechts).

Tomaten, Paprika und Auberginen brauchen Stützpfähle.

Den Stützpfahl vor der Pflanzung tief in den Boden schlagen. Die Pflanzen mit Bast oder Gartenschnur mit Achterschlingen locker am Stab anbinden.

Gurken werden im Freiland meist auf dem Boden gezogen. Platzsparender sind senkrechte Spaliere. Dafür kräftige Stützpfähle im Abstand von 1 m in den Boden schlagen, seitlich mit schrägen Pfählen stützen. Baustahlmatte an die senkrechten Pfähle mit Draht anbinden. An diesem Gerüst wird die Gurkenpflanze hochgeleitet. Die Triebe müssen angebunden werden.

Erbsen brauchen eine Stütze. An Maschendraht können sie gut klettern, aber Reisig tut es auch.

Planung eines Gemüsegartens

Wenn Sie in Ihrem Garten erfolgreich Gemüse anbauen möchten, gilt es nicht nur die Wünsche der Pflanzen zu berücksichtigen. Sie sollten auch einige Details beachten, die Ihnen die Arbeit erleichtern:

● Der Gemüsegarten muß gut zugänglich sein. Legen Sie vom Haus einen breiten Weg direkt zum Gemüsegarten, damit Sie jederzeit frisches Gemüse für die Küche aus dem Garten holen können.

● Wie die Fläche aussieht, auf der Sie anbauen, ist nicht entscheidend. Rechteckflächen sind jedoch empfehlenswert, weil sie sich übersichtlich aufteilen lassen.

● Gemüse braucht viel Wasser. Planen Sie eine Wasserstelle mit Platz für Regentonnen, die nicht zu weit vom Gemüsegarten entfernt ist.

● Reservieren Sie eine windgeschützte Stelle für den Kompostplatz. Er sollte nicht zu beengt sein und gut zugänglich für den An- und Abtransport von Kompostmaterial.

● Alle Gartengeräte und Werkzeuge sollten gut erreichbar aufbewahrt werden. Praktisch ist ein Geräteschuppen am Rand des Gemüsegartens.

Garteneinteilung und Fruchtfolge

Zeichnungen 1 bis 3
Sie können sich die Gartenplanung und die Bodenvorbereitung vereinfachen, wenn Sie von vornherein den Gemüsegarten in 4 Quartiere aufteilen, je eines für Starkzehrer, Mittelzehrer und Schwachzehrer (→ Tabelle rechts) sowie eines für Dauerkulturen (zum Beispiel Rhabarber, Spargel). Die Dauerkulturen bleiben mehrere Jahre am gleichen Platz. Die übrigen Quartiere rücken jedes Jahr weiter (→ Zeichnung unten): Wo im ersten Jahr die Starkzehrer standen, werden im nächsten Jahr die Mittelzehrer angebaut, wo die Mittelzehrer wuchsen, sät man nun die Schwachzehrer, wo die Schwachzehrer standen, werden im folgenden Jahr die Starkzehrer gepflanzt.

Dieser jährliche Wechsel schont den Boden, macht wenig Arbeit und ist auch für Anfänger leicht durchführbar. Allerdings ist das Schema relativ starr und läßt sich nicht immer mit dem Anbau von Vor- und Nachkulturen oder mit Mischkulturen verbinden.

Die Düngung planen

Die jährliche Rotation von Stark-, Mittel- und Schwachzehrern erleichtert die Düngungsmaßnahmen, denn sie können dabei immer quartierweise vorgehen.

Je kräftiger das Wachstum einer Pflanze, desto mehr Nährstoffe (besonders Stickstoff) benötigt sie. Kohl zum Beispiel entzieht dem Boden sehr viel mehr Nährstoffe als Kopfsalat. Pflanzen, die viel »Futter« brauchen, nennt man Starkzehrer, solche mit mittlerem Bedarf Mittelzehrer und diejenigen, die mit wenig zufrieden sind oder, wie die Hülsenfrüchte, in ihren Wurzeln sogar Stickstoff aus der Luft binden, Schwachzehrer. Die Düngung muß diesem unterschiedlichen Nährstoffverbrauch angepaßt werden. Starkzehrer nie ohne vorherige Düngung auf ein Beet setzen. Wenn als erste Kultur im Frühjahr Starkzehrer auf ein Beet gepflanzt werden sollen, dann können Sie den Boden bereits im Herbst mit verrottetem Mist versorgen. Steht Ihnen kein Mist zur Verfügung, dann bringen

1 | Fruchtfolge 1. Jahr: 4 Quartiere für Stark-, Mittel-, Schwachzehrer und Dauerkulturen festlegen.

2 | Im 2. Jahr bleiben nur die Dauerkulturen am Platz, die übrigen Kulturen rücken weiter.

3 | Im 3. Jahr rücken die Quartiere nochmals weiter. Dann beginnt die Folge von vorn (4. Jahr = 1. Jahr).

Sie 3 bis 4 Wochen vor der Pflanzung organische Dünger aus (→ Seite 18). Dies ist auch für alle starkzehrenden Kohlarten zu empfehlen, da ihre Geschmacksqualität bei Mistdüngung leidet.

Mittelzehrer begnügen sich mit Kompost. Verteilen Sie vor der Pflanzung 1 Eimer pro m² auf dem Beet. Harken Sie ihn leicht ein, damit er Kontakt mit dem Boden hat.

Schwachzehrer brauchen auf gesunden, humosen Böden, die schon länger biologisch bewirtschaftet werden, keine Düngung. Auf leichten Sandböden und auf schweren, wenig belebten Böden sollten Sie vor der Aussaat phosphor- und kalihaltige biologische Dünger (zum Beispiel Knochenmehl) einarbeiten.

Den Anbau planen

Ob Sie nun das erste Mal in einem neu angelegten Garten etwas auspflanzen oder schon seit vielen Jahren Gemüse in Ihrem Garten ernten, die Planungsschritte sind die gleichen. Planen Sie bereits im Herbst für das darauffolgende Jahr. Dabei gehen Sie am besten in folgenden Schritten vor:

1. Schritt: Einen Plan zeichnen.
Skizzieren Sie die Gesamtfläche Ihres Gemüsegartens und zeichnen Sie die bestehenden oder geplanten Beete ein.

2. Schritt: Gemüse aussuchen.
Welche Gemüsearten wollen Sie anbauen? Und welche Mengen brauchen Sie davon? Wollen Sie nur den Sommer über frisch aus dem Garten ernten, oder planen Sie auch Vorratshaltung für den Winter? Denken Sie bei Ihrer Planung auch an den Arbeitsaufwand!

3. Schritt: Hauptkulturen festlegen.
Suchen Sie aus Ihrer Liste mit den gewünschten Gemüsearten die Hauptkulturen heraus (→ Seite 15). Sie müssen als erste eingeplant werden, weil sie die Beete über längere Zeit belegen. Verteilen Sie diese Gemüse-

Der Nährstoffbedarf verschiedener Gemüsearten

Starkzehrer	Mittelzehrer	Schwachzehrer
Tomaten	Aubergine	Stangenbohnen
Zucchini	Dicke Bohnen	Feuerbohnen
Kürbis	Endivie	Buschbohnen
Gurken	Kopfsalat	Zuckererbsen
Paprika	Eissalat	Markerbsen
Zuckermais	Schnittsalat	Radieschen
Chicorée	Feldsalat	zahlreiche
Mangold	Radicchio	Küchenkräuter
Neuseeländer Spinat	Spinat	
Wirsing	Kohlrabi	
Weißkohl	Pak Choi	
Blumenkohl	Knoblauch	
Brokkoli	Zwiebeln	
Rosenkohl	Rettich	
Grünkohl	Möhren	
Lauch	Rote Bete	
Knollensellerie	Knollenfenchel	
Staudensellerie	Schwarzwurzeln	
Pastinaken	Kartoffeln	
	Meerrettich	

arten entsprechend ihrer Nährstoffansprüche auf die Quartiere für Stark-, Mittel- und Schwachzehrer.

4. Schritt: Vor- und Nachkulturen festlegen. Wenn alle Hauptkulturen auf die Beete verteilt sind, dann suchen Sie unter Ihren Gemüsen die typischen Vorkulturen heraus (→ Seite 15). Bei jeder einzelnen müssen Sie überlegen, vor welcher Hauptfrucht sie Platz hat, und ob sie zu dieser paßt. So sollen zum Beispiel auf einem Beet nicht nacheinander zwei Arten von Kreuzblütlern angebaut werden. Salat vor Kohl ist also günstig, Radieschen vor Kohl dagegen nicht empfehlenswert. Bei Nachkulturen verfahren Sie im Prinzip genauso.

Mein Tip: Auf Beeten, die für Mittel- oder Schwachzehrer geplant sind, können Sie problemlos passende Vor- und Nachkulturen anbauen. Doch wo Starkzehrer als Hauptkultur auf ein schon im Herbst mit Stallmist gedüngtes Beet gepflanzt werden sollen, muß man auf Vorkulturen verzichten.

Darauf müssen Sie achten

Mischkultur hat viele Vorteile (→ Seite 15). Doch um einen detaillierten Anbauplan mit Mischkultur und Folgekulturen aufzustellen, müssen Sie etliche Punkte berücksichtigen.

Unverträglichkeit: Es gibt Pflanzen, die sich gegenseitig durch ihre Wurzelausscheidungen schaden. Diese dürfen Sie auf keinen Fall unmittelbar nebeneinander pflanzen, am besten auch nicht auf benachbarte Beete (→ »Schlechte Nachbarn« in der Tabelle rechts).

Platz: Die Pflanzen dürfen sich nicht gegenseitig den Platz wegnehmen, weder über noch unter der Erde. Pflanzen Sie deshalb möglichst abwechselnd Gemüsearten mit breiten und langen Wurzeln (zum Beispiel Kopfsalat und Möhren) oder mit breitem und mehr steilem Blattwerk (zum Beispiel Erdbeeren und Zwiebeln).

Wachstumsverlauf: Manche Gemüsearten können mit der Zeit sehr groß werden und schwächere Nachbarn auf dem Beet unterdrücken. Pflanzt man zum Beispiel Gurken zwischen Kohlrabi, kann sich der Kohlrabi nicht mehr ausreichend entwickeln, weil die Gurken bald das ganze Beet bedecken.

Licht: Die Pflanzen müssen auch bei engem Stand genügend Licht und Sonne abbekommen. Bei hoch wachsenden Kulturen (zum Beispiel Tomaten, Stangenbohnen) sind Randbepflanzungen empfehlenswert.

Nährstoffbedarf: Die Pflanzen sollten möglichst den gleichen Nährstoffbedarf aufweisen. Wenn ein Beet für Starkzehrer mit vielen Nährstoffen versorgt ist, wird ein Schwach- oder Mittelzehrer auf diesem Beet unter Umständen zuviel Nitrat einlagern oder schlecht gedeihen. Um dieses Problem zu umgehen, kann man eine Randbepflanzung planen, wobei am Beetrand weniger gedüngt wird. Dann werden die Starkzehrer mitten auf das Beet, die Mittelzehrer an den Rand gepflanzt.

Beete in Mischkultur planen

Wenn Sie Ihren Garten in Mischkultur bebauen möchten, gibt es verschiedene Möglichkeiten.

Hauptkulturen mischen: Auf einem Beet lassen sich durchaus 2 Hauptkulturen gleichzeitig anbauen. Kombinieren Sie die Arten entsprechend ihrer Verträglichkeit (→ Tabelle rechts) und ihrem Nährstoffbedarf (→ Tabelle, Seite 21).

Zwischenkulturen anbauen: Sie können aber auch pro Beet jeweils nur 1 Hauptkultur einplanen und diese mit Zwischenkulturen kombinieren (→ Zeichnung unten). Als Zwischenkultur eignen sich alle Gemüsearten mit kurzer Kulturdauer (zum Beispiel Salate, Radieschen, Kohlrabi). Während sich die Hauptkultur langsam entwickelt, können Sie so nebenbei von demselben Beet noch mehrere Ernten von Zwischenkulturen gewinnen. Berücksichtigen Sie auch bei diesen Kombinationen die Verträglichkeit der geplanten Gemüsepflanzen untereinander.

Vor-/Nachkulturen mischen: Sie können auch verschiedene Vorkulturen miteinander anbauen, ebenso Nachkulturen.

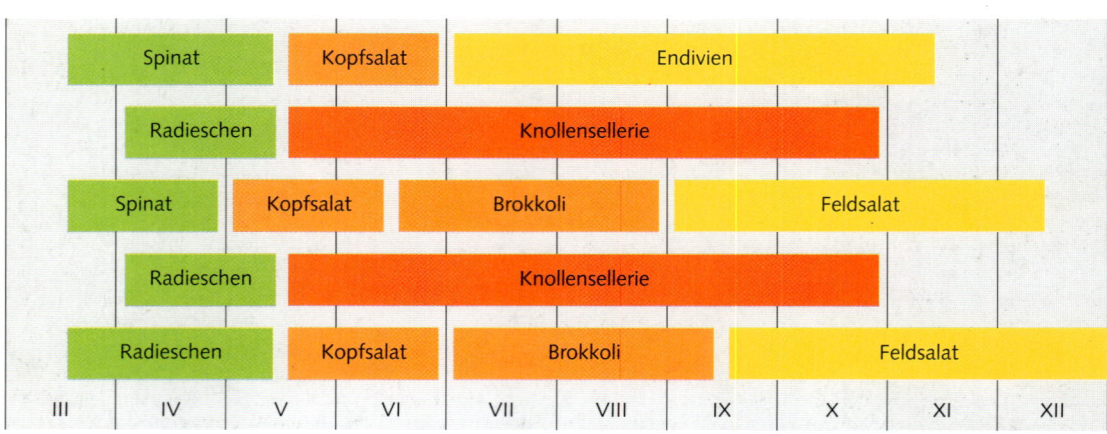

Pflanzvorschlag März (III) bis Dezember (XII): Auf Vorkulturen (Spinat, Radieschen) folgt eine Hauptkultur (Knollensellerie) mit Zwischenkulturen (Kopfsalat, Brokkoli), abschließend Nachkulturen (Endivie, Feldsalat).

Gute und schlechte Nachbarn in Mischkulturen

Gemüseart	Gute Nachbarn	Schlechte Nachbarn
Bohnen	Bohnenkraut, Gurken, Kartoffeln, Kohlarten, Mais, Mangold, Radieschen, Rettich, Rote Bete, Salate, Sellerie, Spinat, Tomaten	Erbsen, Knoblauch, Knollenfenchel, Lauch, Zwiebeln
Erbsen	Gurken, Knollenfenchel, Kohlarten, Kohlrabi, Kopfsalat, Mais, Möhren, Radieschen, Rettich, Zucchini	Bohnen, Kartoffeln, Knoblauch, Lauch, Tomaten, Zwiebeln
Gurken	Bohnen, Dill, Erbsen, Knoblauch, Kohlarten, Kopfsalat, Lauch, Rote Bete, Sellerie, Zwiebeln	Kartoffeln, Radieschen, Rettich, Tomaten
Knollenfenchel	Chicorée, Endivien, Erbsen, Kopfsalat, Pflücksalat,	Bohnen, Tomaten
Kohlarten	Bohnen, Dill, Endivien, Erbsen, Feldsalat, Gurken, Kopfsalat, Mangold, Pflücksalat, Radicchio, Radieschen, Rettich, Rote Bete, Sellerie, Spinat, Tomaten	Knoblauch, Lauch, Zwiebeln
Kohlrabi	Erbsen, Kartoffeln, Kopfsalat, Lauch, Radieschen, Rettich, Rote Bete, Schwarzwurzeln, Sellerie, Spinat,	Chinakohl
Kopfsalat und andere Salate	Erbsen, Gurken, Kohlarten, Kohlrabi, Knollenfenchel, Möhren, Pastinaken, Radieschen, Rettich, Schwarzwurzeln, Tomaten, Zwiebeln	Petersilie
Lauch	Endivien, Feldsalat, Gurken, Kohlrabi, Möhren, Radicchio, Schwarzwurzeln, Sellerie, Tomaten	Bohnen, Chinakohl, Erbsen, Kohlarten, Rote Bete
Möhren	Chicorée, Erbsen, Knoblauch, Kopfsalat, Lauch, Mangold, Pflücksalat, Radieschen, Rettich, Schwarzwurzeln, Tomaten, Zwiebeln	–
Rote Bete	Bohnen, Gurken, Knoblauch, Kohlrabi, Pflücksalat, Zucchini, Zwiebeln	Kartoffeln, Lauch, Mais
Sellerie	Bohnen, Gurken, Kohlarten, Kohlrabi, Lauch, Spinat, Tomaten	Kartoffeln, Mais, Salat
Spinat	Bohnen, Kartoffeln, Kohlarten, Kohlrabi, Radieschen, Rettich, Sellerie, Tomaten	–
Tomaten	Bohnen, Chicorée, Kopfsalat, Knoblauch, Lauch, Mais, Möhren, Petersilie, Radieschen, Rettich, Sellerie, Spinat, Zwiebeln	Erbsen, Gurken, Kartoffeln, Knollenfenchel
Zwiebeln	Feldsalat, Gurken, Kopfsalat, Möhren, Rote Bete, Tomaten, Zucchini	Bohnen, Erbsen, Kohlarten, Radieschen, Rettich

Augenschmaus und Gaumenfreuden

Kaum eine Gemüseart ist so attraktiv und vielseitig wie die Tomate. Die leuchtend roten und gelben Farbtöne der Früchte ziehen im Garten alle Blicke auf sich. Und weil sie so beliebt sind, haben Züchter immer neue, interessante Sorten entwickelt, von der Cocktailtomate mit winzigen Früchten bis zur überdimensionalen Fleischtomate. Dazwischen gibt es viele Variationen in Form, Farbe und Geschmack. Obwohl Tomaten aus warmen, sonnigen Breiten stammen, lassen sie sich auch in unseren Gärten mit Erfolg ziehen. Ein sonniger, geschützter Platz, reichlich Wasser und eine ausreichende Nährstoffversorgung sind alles, was sie brauchen. Sie gedeihen dann selbst auf engstem Raum, zum Beispiel vor einer Hauswand, auf der Terrasse und sogar auf dem Balkon.

Ein bunter Querschnitt durch die Vielfalt der Tomatensorten:
- Cocktailtomate (1),
- gelbe Stabtomate 'Goldene Königin' (2),
- Fleischtomate (3),
- Buschtomate 'Balkonstar' (4),
- gelbe Obsttomate 'Yellow Pearshaped' (5),
- rote Stabtomate 'Martina' (6).

24

Ein guter Start für reiche Ernten

Die Planung steht, die Beete sind eingeteilt, der Boden ist vorbereitet. Nun kann es losgehen mit Aussaat und Pflanzung. Doch seien Sie nicht zu ungeduldig – viele Gemüsearten sind äußerst frostempfindlich. Damit alle Ihre Pflänzchen optimale Startmöglichkeiten bekommen, beachten Sie unsere wichtigen Hinweise und Tips.

Bohnensamen.

Im Gegensatz zu Obstbäumen, von denen Sie jahrzehntelang ernten können, werden die meisten Gemüsepflanzen in ein- oder zweijähriger Kultur angebaut. Eine Ausnahme machen nur die Dauerkulturen wie zum Beispiel Spargel, Meerrettich und Rhabarber.

Die Aussaat planen

Schon ab Januar können Sie überall die bunten Samentütchen kaufen. Doch bevor Sie zugreifen, sollten Sie genau planen, welches Gemüse Sie selbst aussäen wollen. Viele Arten benötigen eine längere Vorkultur. Wenn Sie nicht stolzer Besitzer eines beheizbaren Gewächshauses sind, dann bleibt Ihnen nur das Frühbeet oder der meist knappe Platz am Fensterbrett.
Gemüsearten, die schwierig heranzuziehen sind, wie zum Beispiel Blumenkohl und Knollensellerie, sollten Sie in diesem Fall besser als kräftige Jungpflanzen beim Gärtner kaufen.

Verschiedene Saatgutformen

Für den Kleingärtner sind die Gemüsesamen in kleine Portionen abgepackt erhältlich. Dabei haben Sie die Wahl zwischen verschiedenen Saatgutformen.
Standardsaatgut richtet sich nach dem EG-Standard und ist mit »St« oder »Standardsaatgut« gekennzeichnet. Gemüsesamen für den Kleingarten zählen meist zu dieser Kategorie.
Zertifiziertes Saatgut wurde von besonders ausgewählten Pflanzen gewonnen. Seine Keimfähigkeit ist von vornherein besser, allerdings ist es auch erheblich teurer als Standardsaatgut.
Kalibriertes Saatgut enthält Samen der gleichen Größe, die sich besonders gleichmäßig entwickeln. Auch dieses Saatgut ist teurer.
Pillensaat sind Samen, die einzeln in Kügelchen aus Lehm, Torf oder anderem Material verpackt sind. Das Hüllmaterial löst sich im Boden auf. Mit Pillensaatgut können Sie die richtigen Abstände beim Aussäen

leichter einhalten, so daß Sie später nicht ausdünnen müssen.
Saatbänder sind praktisch, weil die Samen bereits mit den richtigen Abständen im Band liegen.

Auf die Qualität des Saatguts achten

Beim Saatgutkauf sollten Sie auf folgende Qualitätsmerkmale achten:
● Die Samen dürfen nicht zu alt sein. Die meisten Samen bleiben 2 bis 4 Jahre keimfähig, eine Ausnahme sind zum Beispiel Schwarzwurzeln, die nur 1 Jahr halten. Das Verpackungsdatum ist auf den Tüten aufgedruckt.
● Oft verwenden die Firmen Keimschutzpackungen, in denen die Samen vor Licht, Wärme und Feuchtigkeit geschützt sind. So bleiben sie sehr viel länger keimfähig als lose verpackte Samen.
● Gebeiztes Saatgut ist chemisch behandelt, damit es nicht von Schädlingen befallen wird. Die Menge der chemischen Mittel auf einem Samen ist so winzig, daß auch Biogärtner ohne Bedenken dieses Saatgut verwenden können. Im Fachhandel ist auch biologisch gebeiztes Saatgut erhältlich (→ Bezugsquellen, Seite 111).
Mein Tip: Bei Samen, die schon über längere Zeit aufbewahrt wurden, empfiehlt es sich, eine Keimprobe zu machen. Legen Sie dazu eine Anzahl Samen auf ein Löschpapier, das Sie auf einem Teller an einem warmen Platz aufstellen und ständig feucht halten. Wenn die Samen auf dem Papier keimen, zählen Sie die gekeimten und ungekeimten Samen. Wenn weniger als die Hälfte aller Samen keimen, sollten Sie das Saatgut nicht mehr verwenden.

Ein Frühbeet — ideal zur Anzucht von Jungpflanzen, aber auch zum Anbau von empfindlichen Arten.

Sortenwahl

Von den meisten Gemüsearten sind viele verschiedene Sorten erhältlich. Die wichtigsten Sorteneigenschaften sind jeweils auf den Samentütchen vermerkt. Damit Sie die richtige Sorte für Ihren Garten und Ihre Ansprüche finden, sollten Sie besonders auf folgende Informationen achten:

Aussaattermin: Von vielen Gemüsearten werden frühe, mittelfrühe und späte Sorten angeboten – sie haben unterschiedliche Aussaattermine. Sehr wichtig ist diese Unterschei-

dung bei Langtagpflanzen wie Spinat, Kopfsalat und Rettich. Langtagpflanzen werden sie genannt, weil sie an den langen Tagen im Sommer schnell zum Blühen kommen. Es gibt aber jeweils spezielle Sorten, die sich auch im Sommer gut anbauen lassen.

Kulturzeit: Frühe und späte Sorten haben auch unterschiedliche Kulturzeiten, die bei der Anbauplanung beachtet werden müssen. In rauhen Gegenden mit kurzen Sommern wählen Sie am besten frühe Sorten mit kurzer Kulturzeit.

Frosthärte: Bei Gemüse, das auf dem Beet überwintern soll (Porree, Zwiebeln), müssen Sie frostharte Sorten wählen.

Resistenz: Viele neue Züchtungen sind resistent, das heißt widerstandsfähig gegen bestimmte Krankheiten. Solche Sorten sind für den Biogärtner besonders zu empfehlen.

Qualität: Größe, Farbe und Geschmack des Gemüses hängen stark von der Sorte ab. Hier können Sie nach Belieben experimentieren. Interessant ist, daß nicht immer die berühmten »alten Sorten« die

besten sind. Es gibt Neuzüchtungen, die ganz ausgezeichnet schmecken.
Lagerfähigkeit: Nicht jede Möhrensorte läßt sich in Sand lagern, nicht alle Bohnensorten sind für die Tiefkühltruhe geeignet. Achten Sie deshalb beim Samenkauf darauf, ob die Sorte lagerfähig oder zum Einfrieren geeignet ist. Generell sind bei Wurzelgemüsen (Möhren, Rote Bete), Kartoffeln und Kohl die späten Sorten gut lagerfähig.
Glashaus oder Freiland: Viele Freilandsorten sind nicht fürs Glashaus geeignet, wo es ihnen zu warm und zu feucht ist. Andererseits können in kühlen Landstrichen bestimmte Gemüsearten (zum Beispiel Gurken, Paprika) nur im Glashaus gezogen werden. Achten Sie deshalb darauf, in Freiland oder Glashaus die richtigen Sorten anzubauen.
Hybrid-Saatgut: Viele der neuen Züchtungen sind Hybriden. Sie stammen aus der Kreuzung besonders ausgewählter Elternpflanzen. Solches Saatgut liefert Pflanzen mit hervorragenden Eigenschaften, doch können Sie diese Sorten nicht selbst weitervermehren.

Anzucht unter Glas

Viele Gemüsepflanzen sind kälteempfindlich und haben gleichzeitig eine zu lange Kulturzeit, als daß man sie im Freiland aus Samen ziehen könnte. Tomaten zum Beispiel, im Mai direkt ins Beet gesät, würden niemals reifen. Im Kleingewächshaus, auf der Fensterbank oder im Frühbeet können Samen schon früher ausgesät werden. Sie kommen dann Mitte Mai bereits als kräftige Jungpflanzen ins Freie.
Aussaat (→ Zeichnungen 1 bis 3, Seite 29). In Saatschalen, die mit Anzuchterde oder mit Kompost/Sand-Gemisch gefüllt sind, Samen breitwürfig aussäen, Erde darübersieben und besprühen. Gleichmäßig feucht halten.
Sellerie und Endivie nicht mit Erde

bedecken, denn sie sind Lichtkeimer. Bei Gurken, Zucchini und Kürbissen je drei Samen in einen Blumentopf stecken.
Pikieren (→ Zeichnungen 4 bis 6, Seite 29). Wenn sich das zweite Blattpaar gebildet hat, die Sämlinge vorsichtig mit dem schlanken Ende des Pikierstabs aus der Saatschale nehmen. Die Wurzelspitzen leicht einkürzen, damit sie sich besser verzweigen. Einzeltöpfe oder Schalen mit Kompost/Erde-Gemisch füllen und mit dem dicken Ende des Pikierstabs Löcher vorbohren. Die Sämlinge vorsichtig einsetzen, gut andrücken und angießen. Gleichmäßig feucht halten.
Mein Tip: Säen Sie bei Salaten, Kohlrabi und anderen Pflanzen mit kurzer Kulturdauer im Abstand von zwei bis vier Wochen immer wieder neu, so daß Sie zeitlich versetzt ausplanzen und auch in entsprechenden Abständen ernten können.

Gewächshaus, Frühbeet oder Fensterbank?

In einem beheizbaren Kleingewächshaus gelingt die Anzucht von Jungpflanzen am besten. Je wärmer und heller nämlich der Raum ist, desto schneller keimen die Samen und desto kräftiger wachsen die Keimlinge zu Jungpflanzen heran. Bei den meisten Gemüsearten liegt die günstigste Temperatur zur Anzucht um 20°C.
Im Frühbeet kann man ab März ebenfalls Setzlinge (Jungpflanzen) für den Garten heranziehen. Dafür muß es allerdings richtig vorbereitet werden: Im Februar wird der Boden gelockert und mit einer etwa 3 cm dicken Kompostschicht bedeckt, die man leicht einharkt. Dann decken Sie das Frühbeet mit den Fenstern zu, so daß sich der Boden tief und gründlich erwärmt. Ab März wird ausgesät und regelmäßig gegossen. Nach dem Aufgehen der Saat muß an sonnigen Tagen gelüftet werden.

Bei starken Frösten bedecken Sie die Frühbeetfenster mit Säcken oder Luftpolsterfolie.
Auf einer warmen und hellen Fensterbank können Sie notfalls auch Jungpflanzen heranziehen – doch das gelingt nicht immer. Meist leiden die Pflänzchen unter Lichtmangel, bleiben schwach und werden zu lang. Der Gärtner nennt das »Vergeilen«. In Räumen, in denen nachts gelüftet wird, sind ebenfalls Mißerfolge vorprogrammiert, weil die Raumtemperatur nicht gleichmäßig ist. Wo die Sonne mittags ins Fenster scheint, verbrennen die zarten Sämlinge, und bei trockener Heizungsluft muß ständig die Bodenfeuchte kontrolliert werden.

Setzlinge auspflanzen

Ab wann Sie die Jungpflanzen ins Freiland setzen können, hängt von ihrer Kälteempfindlichkeit ab. Viele Arten vertragen keinen Frost. Genaue Angaben zu den Auspflanzzeiten der einzelnen Gemüsearten finden Sie in den Pflanzenporträts (→ Seite 64 bis 105). Wenn Sie selbst keine Jungpflanzen herangezogen haben, können Sie auch Setzlinge beim Gärtner kaufen. Dort werden sie über den gesamten Zeitraum, in dem ein Auspflanzen möglich ist, vorrätig gehalten.
Beachten Sie beim Kauf von Setzlingen folgende Punkte:
● Die Jungpflanzen sollten gedrungen sein, dunkle kräftige Blätter und einen gut entwickelten Wurzelballen haben.
● Sie dürfen keine gelben Blätter aufweisen.
● Die Wurzeln müssen weiß sein.
● Die Jungpflanzen dürfen nicht »überaltert« sein. Zu groß gewordene Salatsetzlinge bilden zum Beispiel keine Köpfe mehr.

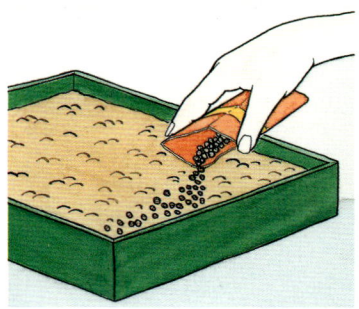

1 | Kistchen mit Anzuchterde füllen, Samen ausstreuen.

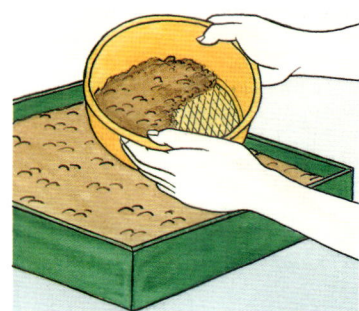

2 | Samen mit gesiebter Erde abdecken.

3 | Gleichmäßig feucht halten, am besten mit dem Sprüher.

Setlinge vor dem Pflanzen abhärten: Beim Gärtner sind die Setzlinge meist schon einige Tage vor dem Verkauf aus dem Gewächshaus genommen worden. Wer selbst Jungpflanzen gezogen hat, sollte die Töpfe oder Kistchen mehrere Tage vor dem Verpflanzen an einen halbsonnigen Platz im Freien stellen oder Glashaus und Frühbeet ebenso lange tagsüber kräftig lüften.

Wichtige Regeln fürs Auspflanzen:
• Pflanzen Sie Ihre Setzlinge am Abend oder an einem trüben, bedeckten Tag aus. Sie wachsen dann am besten an, weil sie nicht sofort der prallen Sonne ausgesetzt sind.

• Achten Sie auf die richtige Pflanztiefe (→ Zeichnung, Seite 33).
• Gießen Sie die Jungpflanzen kräftig an, aber mit der Brause auf der Gießkanne, um einen zu harten Wasserstrahl zu vermeiden.

Die Aussaat im Freiland

Wurzelgemüse (Möhren, Schwarzwurzeln, Rettiche, Rote Bete) und manche Gemüse, die schnell wachsen (Bohnen, Erbsen, Spinat, Feldsalat), werden direkt im Freiland aufs Beet gesät (→ Praxis-Seite 32). Achten Sie bei der Aussaat auf folgende wichtige Punkte.

Bodentemperatur. In kaltem Boden fault das Saatgut, statt zu keimen. Halten Sie deshalb die empfohlenen Aussaatzeiten (→ Aussaatkalender, Seite 34/35) ein.

Bodenfeuchtigkeit. In trockenem Boden können Samen nicht keimen, und auskeimende Samen sterben ab, wenn sie austrocknen. Gießen Sie also die frisch angesäten Beete regelmäßig, und zwar »weich«, das heißt mit der Brause auf der Kanne. Bei trockenem, heißem Wetter und leichten, sandigen Böden ist dies unter Umständen sogar zweimal am Tag nötig. Hier können Sie sich aber behelfen, indem Sie Schlitzfolien oder Vliese über das Beet breiten. Sie

4 | Zum Pikieren empfiehlt sich ein Pikierstab.

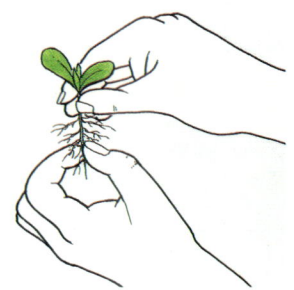

5 | Wurzeln leicht einkürzen, damit sie sich verzweigen.

6 | Pflänzchen mit größerem Abstand neu einsetzen.

halten die Feuchtigkeit länger im Boden.

Bodenoberfläche. Achten Sie darauf, daß die oberste Schicht des Saatbeetes locker und krümelig ist. Die zarten Keimlinge vieler Gemüsearten tun sich nämlich schwer, eine harte, verkrustete Bodenoberfläche zu durchbrechen.

Saattiefe. Auf den Samentütchen ist immer angegeben, wie tief die Samen in die Erde gelegt werden müssen. Das sollten Sie unbedingt einhalten. Die meisten Samen keimen gut, wenn sie etwa 2 bis 5 cm hoch mit Erde bedeckt sind. Endivien und Sellerie sind Lichtkeimer, sie werden nur ganz dünn mit etwas Sand bedeckt. In schweren Böden, die sich langsam erwärmen, wird grundsätzlich nicht so tief gesät wie in leichten, warmen Böden. Pillensaat darf niemals tiefer als 1 cm in der Erde liegen.

Abstände. Die Abstände von Reihen oder Horsten richten sich nach der endgültigen Größe der Pflanzen (→ Pflanzenporträts, Seite 64 bis 105). Sind die Abstände zu gering, bleiben die Pflanzen klein und sind krankheitsgefährdet, da sie nach Regen schlecht abtrocknen. Wenn Sie Mischkulturen planen, müssen die Reihen oder Horste so weit auseinander liegen, daß alle Pflanzen auf dem Beet ausreichend Platz haben.

Zeitpunkt. Die meisten Gemüsearten können innerhalb eines bestimmten Zeitraums ausgesät werden. Angaben dazu finden Sie auf den Samentütchen und im Aussaatkalender (→ Seite 34/35). Bei manchen Arten, zum Beispiel Möhren und Puffbohnen, ist es jedoch günstig, sie nicht gerade in der Mitte dieses Zeitraums auszusäen, weil zu dieser Zeit die auf sie spezialisierten Insekten in der Eiablagephase sind. Sehr frühe und sehr späte Aussaaten sind vor Schädlingsbefall besser geschützt.

Mein Tip: Bei Gemüsearten mit langen Keimzeiten (zum Beispiel Möhren) ist es empfehlenswert, schnell keimende Pflanzen (zum Beispiel Radieschen) mit in die Reihen zu säen. Sobald diese »Markiersaat« gekeimt ist, können Sie die Saatreihen erkennen und den Rest des Beetes problemlos bearbeiten.

Tricks für frühe Ernten

Weil die meisten Gemüsepflanzen nur in einem warmen Klima gut gedeihen, haben sich Gartenbesitzer in kühleren Gegenden schon immer Tricks einfallen lassen, den Pflanzen künstlich eine warme, geschützte Umgebung zu schaffen. Man kann dadurch früher pflanzen und früher ernten.

Das Mistbeet ist ein Frühbeet mit »Fußbodenheizung«. Dafür hebt man ab Februar im Frühbeet den Boden etwa 60 cm tief aus und füllt diese Grube mit strohigem Pferdemist 40 cm hoch auf. Schweinemist ist ungeeignet, weil er »kalt« ist. Den Mist tritt man gut fest und bedeckt ihn mit 15 bis 20 cm Gartenerde vom Aushub. Dann deckt man das Frühbeet mit den Fenstern zu. Im Laufe von 2 bis 3 Wochen heizt der verrottende Mist das Beet auf. Die Pflanzen gedeihen darin hervorragend.

Der Folientunnel ist ein richtiges Minigewächshaus. Über das bepflanzte Beet wird auf gebogenen Stäben eine Gartenfolie gespannt, die man an beiden Enden des Tunnels schließt. Darunter bildet sich ein feuchtwarmes Treibhausklima. An sonnigen Tagen öffnet man die Enden zum Lüften.

Die Folienhaube ist speziell für die wärmeliebenden Tomaten gedacht. Befestigen Sie die Folie am oberen Teil des Stützstabes und hüllen Sie die Pflanzen in kalten Nächten damit ein. An sonnigen Tagen muß die Haube hochgerollt werden.

Ein Foliendach ist für wärmeliebende Fruchtgemüse wie Tomaten, Paprika und Auberginen ideal. Dafür werden 4 Pfosten in die Erde gerammt, oben mit Latten verbunden und auf der Oberseite mit Folie bespannt. Sie können auch einfach ein Frühbeetfenster darüberlegen, wenn Sie die Pfosten vorher im entsprechenden Abstand einschlagen. Zusätzlich kann auch die Seitenwand in Richtung Nordosten mit Folie bespannt werden.

Ein Vlies wird auf frostgefährdete Kulturen gelegt. Bei Frost bildet sich auf dem Vlies eine dünne Eisschicht, die wie eine Wärmeisolierung wirkt. Durch das Vlies kann gegossen werden. Nehmen Sie es ab, wenn die Pflanzen größer werden.

Eine mitwachsende Folie muß nicht abgenommen werden, weil sie durch die vielen Schlitze, mit denen sie ausgerüstet ist, buchstäblich mit den Pflanzen mitwächst. Man deckt sie über die frisch bepflanzten oder angesäten Beete und gräbt die Ränder in den Boden ein, damit sie bei windigem Wetter nicht wegfliegt.

Wichtig: Nehmen Sie alle Folien, Frühbeetfenster und Vliese ab, sobald die Pflanzen kräftig herangewachsen sind, spätestens aber 3 Wochen vor der Ernte. Die Pflanzen reichern nämlich unter der Folie verstärkt Nitrat an.

Tomaten lieben es warm – in kühlen Gegenden sind sie unter Folienhauben gut geschützt.

Aussaat ins Freiland
Schnell wachsende, unempfindliche Gemüsearten kann man ins Freiland säen, sobald die Beete saatfertig sind. Dabei gibt es folgende Möglichkeiten:

Reihensaat
Zeichnungen 1 bis 3
Wurzelgemüse und viele Blattgemüse und Salate, zum Beispiel Mangold, Pflücksalat, Radicchio und

1 | Mit der Hand, der Hacke oder mit einem Stab eine Rille ziehen.

2 | Die Samen nicht zu dicht nebeneinander in die Rille legen.

3 | Das Saatgut locker mit Erde bedecken.

Chicorée, sät man in Reihen aus. Achten Sie dabei auf den richtigen Reihenabstand (→ Pflanzenporträts, Seite 64 bis 105).
● Spannen Sie an zwei Stöcken eine Pflanzschnur, damit die Reihen gerade werden.
● Ziehen Sie mit dem Sauzahn, dem Hackenstiel oder von Hand an der Schnur entlang eine etwa 2 cm tiefe Rille (→ Zeichnung 1).
● Legen Sie die Samen nicht zu dicht in die Rillen (→ Zeichnung 2).
● Die Samen mit der Hand oder mit dem Rechen mit Erde bedecken und leicht andrücken (→ Zeichnung 3).
● Mit der Brause angießen.

Breitsaat
Sie ist üblich bei Feldsalat, Spinat und bei Gründüngung.
● Samen breitwürfig und möglichst gleichmäßig aufs Beet streuen.
● Samen einrechen, festdrücken und mit der Brause angießen.

Horstsaat
Bohnen und Erbsen werden in Horsten gelegt.
● Drei bis fünf Körner im Kreis in die Erde drücken, dabei die empfohlenen Saatabstände einhalten.
● Samen mit Erde bedecken, leicht andrücken und mit der Brause angießen.

Ausdünnen, Vereinzeln
Bei Breit- und Reihensaat kommt es vor, daß die Pflänzchen nach dem Keimen an manchen Stellen zu dicht stehen. Dann muß vereinzelt werden.
● Sobald die Pflänzchen etwa 5 cm hoch sind, ziehen Sie so viele Jungpflanzen aus der Erde, daß die übriggebliebenen den richtigen Abstand von Pflanze zu Pflanze haben (→ Pflanzenporträts, Seite 64 bis 105). Lassen Sie dabei immer die kräftigsten Pflänzchen stehen.
● Nach dem Vereinzeln sofort kräftig angießen, damit sich Lücken in der Erde schließen.
● Bei vielen Arten, wie zum Beispiel Rote Bete, Mangold und Fenchel können Sie die herausgezogenen Pflänzchen in einem anderen Beet wieder einpflanzen.

Setzlinge pflanzen
Zeichnungen 4 bis 6
Gepflanzt werden kräftige Jungpflanzen mit gut entwickeltem Wurzelballen aus eigener Anzucht oder vom Gärtner.
● Mit Pflanzholz oder Pflanzschaufel ein Loch ausheben. Das Pflanzloch sollte etwas tiefer und breiter sein als der Wurzelballen des Setzlings.
● Geben Sie eine Handvoll Kompost oder einen Eßlöffel organischen Dünger in das Pflanzloch (→ Zeichnung 4).
● Pflanze senkrecht ins Pflanzloch stellen.
● Bei Jungpflanzen ohne Ballen darauf achten, daß die Wurzeln locker im Pflanzloch liegen und nicht gedreht oder gequetscht sind.
● Rund um die Wurzeln Erde auffüllen (→ Zeichnung 5).
● Erde mit beiden Händen gut andrücken (→ Zeichnung 6). Die Setzlinge dürfen nicht mehr leicht aus der Erde zu ziehen sein.
● Mit der Brause gut angießen, damit sich die Hohlräume zwischen Erde und Wurzeln schließen.

4 | *Pflanzloch ausheben und eine Handvoll Kompost einfüllen.*

5 | *Die Jungpflanze locker einsetzen, ohne die Wurzeln zu quetschen.*

6 | *Mit Erde auffüllen und gut andrücken.*

Unterschiedliche Pflanztiefe
Zeichnung 7

Jungpflanzen entwickeln sich nur dann gut, wenn sie richtig eingepflanzt werden. Beachten Sie die unterschiedlichen Wünsche der verschiedenen Gemüsearten:

● Kohlrabi so einpflanzen, daß der Wurzelhals nicht mit Erde bedeckt ist.
● Arten mit rosettenförmigem Wuchs (Kopfsalat, Eissalat, Endivie und Knollensellerie) werden so gepflanzt, daß der Trieb über der Wurzel nur knapp 1 cm mit Erde bedeckt ist. Werden die Pflanzen zu hoch gesetzt, fallen sie um, werden sie zu tief gesetzt, fault das Herz.
● Viele Starkzehrer (Tomate, Paprika, Lauch, Blumenkohl, Weiß- und Rotkohl, Wirsing) gedeihen besser, wenn man sie so tief setzt, daß mehrere Zentimeter des Triebs in die Erde kommen.

Zwiebeln stecken
Zwiebeln können ausgesät werden, doch die meisten Gärtner besorgen sich im Frühling Steckzwiebeln. Das sind kleine Zwiebeln, die bis zum Sommer heranreifen.
Steckzwiebeln werden aufrecht, also mit dem spitz zulaufenden Teil nach oben, 2 bis 3 cm tief in den Boden gedrückt. Anschließend nicht mit Erde abdecken.

Kartoffeln legen
Frühkartoffeln gedeihen schneller und besser, wenn sie vorgekeimt werden. Wenn Sie Pflanzgut aus dem eigenen Garten verwenden wollen, wählen Sie kleine Knollen (etwa 50 g) aus. Alle 2 bis 3 Jahre müssen Sie aber frisches Pflanzgut im Fachhandel kaufen, sonst lassen die Erträge nach.
● Ab März legen Sie die Knollen dicht nebeneinander in flache Kistchen, und zwar so, daß die Enden mit den meisten Augen nach oben weisen.

● Stellen Sie die Kistchen in einem nicht zu warmen, hellen Raum auf.
● Nach etwa 2 bis 4 Wochen haben sich kräftige, 2 bis 3 cm lange Keime gebildet.
● Wenn der Boden mindestens 7°C warm ist, werden die Knollen mit den Keimen nach oben etwa 5 cm tief in Reihen gepflanzt. Eventuell mit Folie abdecken.

7 | *Jungpflanzen können nur dann optimal wachsen, wenn Sie die richtige Pflanztiefe beachten (links: Kohlrabi, Mitte: Salat, rechts: Tomate).*

33

Aussaat-, Pflanz- und Erntekalender

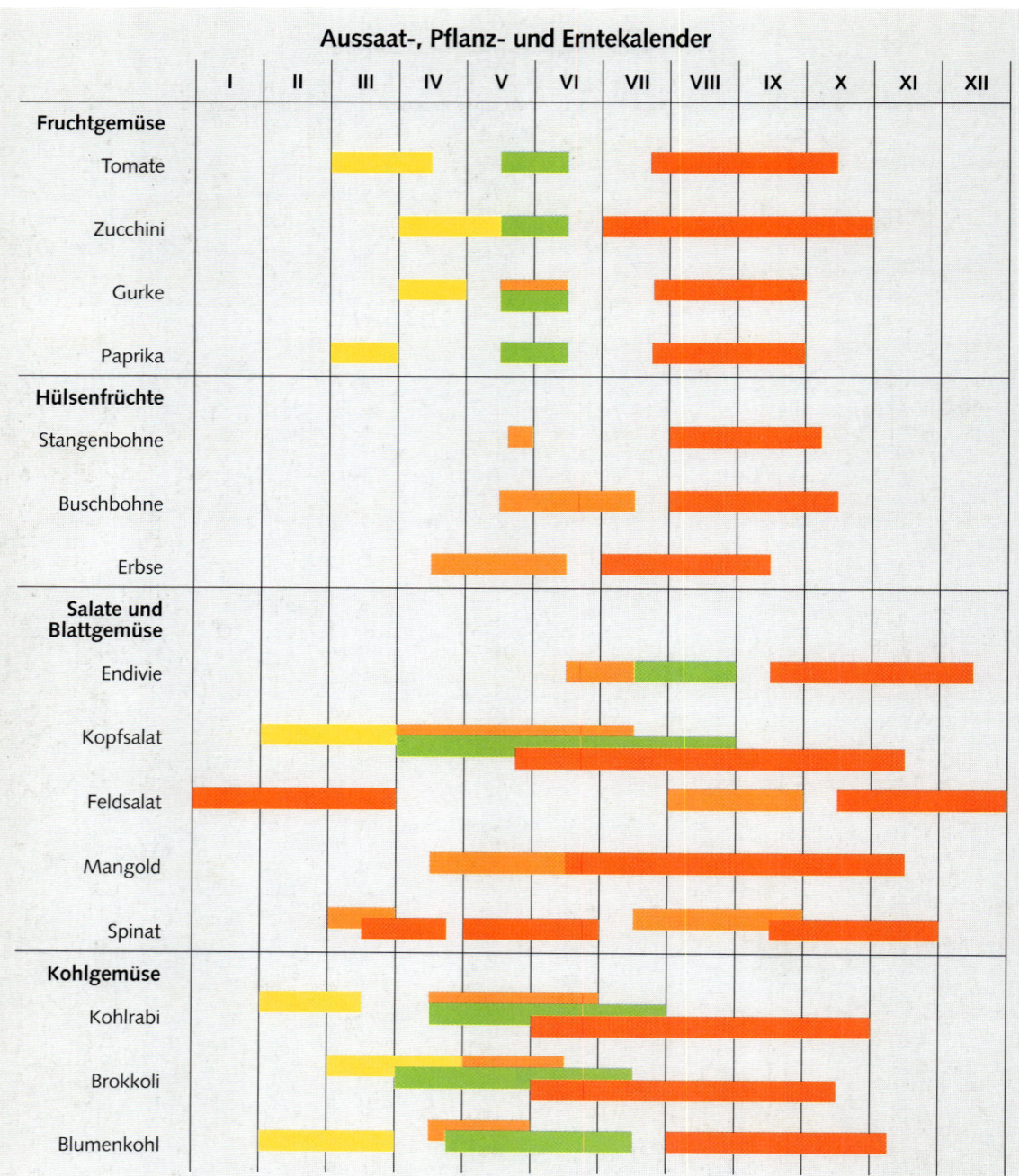

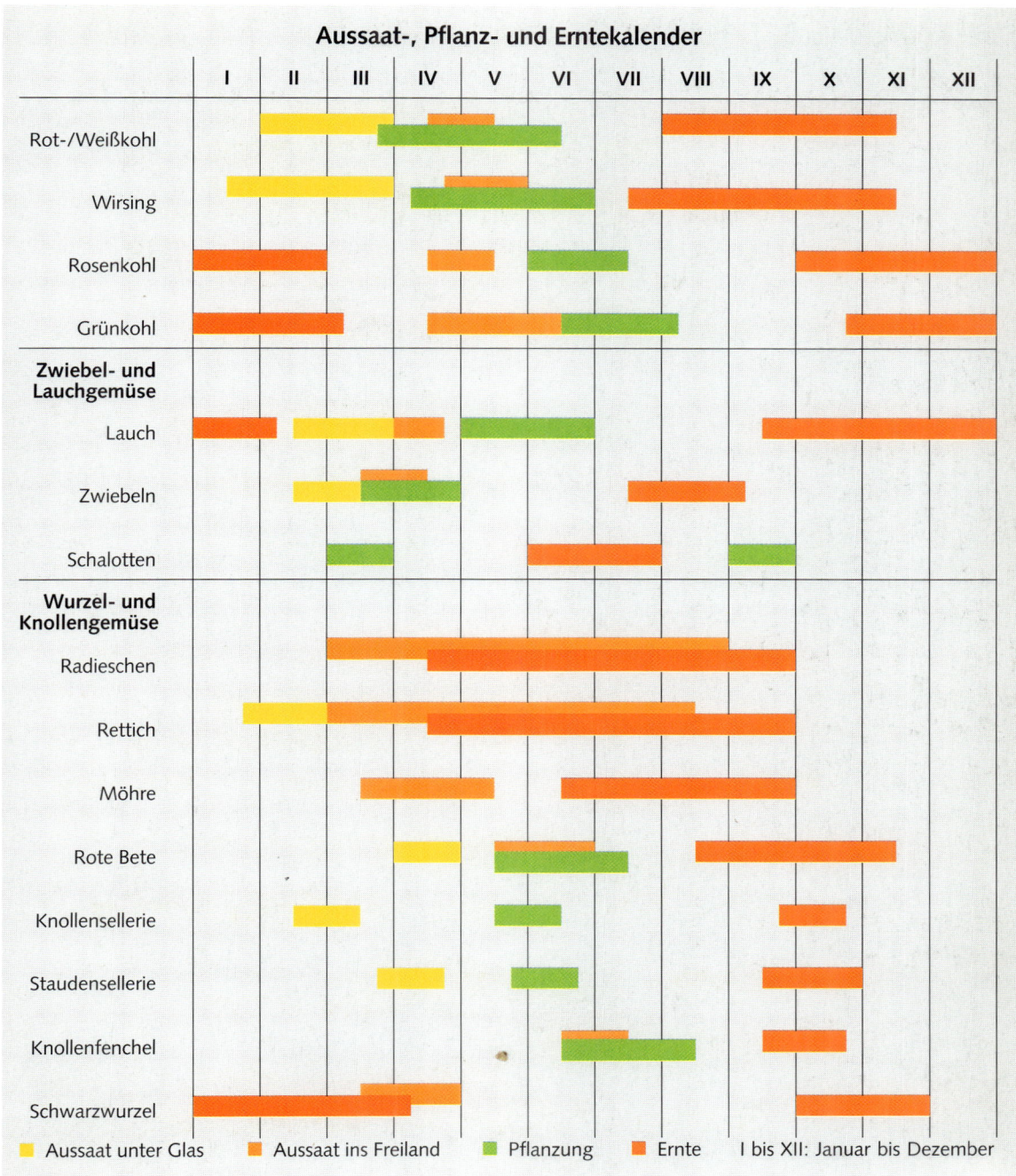

Aussaat-, Pflanz- und Erntekalender

	I	II	III	IV	V	VI	VII	VIII	IX	X	XI	XII
Rot-/Weißkohl												
Wirsing												
Rosenkohl												
Grünkohl												
Zwiebel- und Lauchgemüse												
Lauch												
Zwiebeln												
Schalotten												
Wurzel- und Knollengemüse												
Radieschen												
Rettich												
Möhre												
Rote Bete												
Knollensellerie												
Staudensellerie												
Knollenfenchel												
Schwarzwurzel												

■ Aussaat unter Glas   ■ Aussaat ins Freiland   ■ Pflanzung   ■ Ernte   I bis XII: Januar bis Dezember

Rüben, Knollen und Zwiebeln

Viele Pflanzen legen Nährstoffdepots an. Weil diese »Vorratskammern« besonders viele Nährstoffe und Vitamine enthalten, hat der Mensch sie durch Auslese und Züchtung stark gefördert. So entstanden viele Gemüsearten, vor allem die Wurzel- und Knollengemüse. Sind Wurzeln oder Wurzelhals verdickt, so spricht man von Rüben, wie zum Beispiel bei Möhren, Rettichen, Sellerie und Roten Beten. Bei anderen Gemüsen sind es Sproßteile, die als Speicher dienen. Man nennt sie Knollen, ob sie nun unterirdisch wachsen wie zum Beispiel bei Kartoffeln und Radieschen oder oberirdisch wie bei Kohlrabi.

Bei Zwiebeln haben sich die untersten Teile der Blätter zu fleischigen Speicherorganen umgebildet. Eine Besonderheit ist der Knoblauch, bei dem eine »Knolle« aus vielen kleinen Tochterzwiebeln besteht.

Beliebte Gemüsearten mit Speicherorganen:
- Sellerie (1),
- Zwiebeln (2),
- Kartoffeln (3),
- Radieschen (4),
- Knoblauch (5),
- Rote Bete (6),
- Möhren (7).

Biogemüse braucht besondere Pflege

Die Saat ist aufgegangen, die Jung-pflänzchen sind angewachsen. Damit alles gut gedeiht, ist ständige Pflege notwendig. Mulchen, Hacken, Gießen, Düngen und Unkrautjäten gehören zu den Arbeiten des Biogärtners während des Sommers.

Gurkenblüte.

Zuerst sollten Sie den Boden zwischen den Pflanzen durchdringend gießen und mit Sauzahn oder Krail gründlich lockern. Dann das Mulchmaterial etwa 3 bis 5 cm hoch unter und zwischen die Pflanzen legen. Nur Stroh kann dicker gelegt werden. Grasschnitt sollten Sie einen Tag anwelken lassen, bevor Sie ihn als Mulch ausbringen. Die Mulchschicht muß während der Vegetationszeit immer sehr dünn und locker sein. Ist sie zu dick, dann verklebt sie leicht, der Boden erhält darunter nicht mehr ausreichend Sauerstoff, die Bodenorganismen (und anschließend die Pflanzen) gehen zugrunde. **Mein Tip:** Streuen Sie auf frisches Mulchmaterial etwas Kompostbeschleuniger, das fördert die Rotte. Es entsteht sozusagen »Kompost auf dem Beet«.

Mulch – eine grüne Decke für den Boden

In der Natur ist der Boden immer bedeckt. Wo er nackt und bloß daliegt, verliert er schnell seine Krümelstruktur, bei Hitze trocknet er aus, bei Regen verschlämmt er. Im Biogarten sollten Sie deshalb den Boden möglichst ständig bedeckt halten. Und diese Bedeckung heißt Mulch.

7 gute Gründe fürs Mulchen:
● Unter der Mulchdecke bleibt der Boden gleichmäßig warm, das Bodenleben wird nicht gestört.
● Die Feuchtigkeit kann nicht so schnell verdunsten.
● Die Verdunstungskälte ist geringer, so daß sie das Wachstum der Pflanzen nicht stört.
● Bei starken Regenfällen wird der Boden nicht zusammengeschlagen und verschlämmt.
● In Hitzeperioden trocknet der Boden nicht so schnell aus.
● Die Mulchschicht dient als zusätzliche Nahrung für Regenwürmer und Bodenorganismen.
● Mulchen unterdrückt Unkräuter.

Es gibt aber auch Nachteile:
● Unter einer Mulchschicht können sich Schädlinge, vor allem Schnecken und Wühlmäuse, verstecken.
● Schwere Böden erwärmen sich darunter nur langsam.
Womit mulchen? Zum Mulchen eignet sich fast jedes frische oder getrocknete Material. Besonders geeignet sind Rasenschnitt, ausgerissene Unkräuter (solange sie keine Samen tragen), Pflanzenabfälle (Kohlblätter, Rhabarberblätter, Erbsenstroh), Stroh, Laub, Brennesseln (ohne Samen), Gründüngungspflanzen. Für Starkzehrer ist eine Mulchdecke aus Rohkompost (→ Praxis Kompostieren, Seite 45) ideal. Für den Gemüsegarten ungeeignet ist Rindenmulch. Notfalls kann der Boden auch mit Zeitungen oder Pappe bedeckt werden. Spezielle organische (also verrottbare) Mulchfolien sind im Fachhandel erhältlich.
So wird gemulcht: Sobald die Jungpflänzchen 10 bis 15 cm hoch sind, können Sie mit dem Mulchen beginnen.

Hacken

Nicht gemulchter, offener Boden ist der Witterung direkt ausgesetzt, er wird durch Regenfälle verschlämmt und durch Hitze ausgetrocknet. Wenn Sie bei sehr schwerem Boden oder wegen einer Schneckenplage aufs Mulchen verzichten, müssen Sie den Boden durch regelmäßiges Hacken lockern und lüften. Dadurch gelangt Sauerstoff in den Boden, den die Bodenlebewesen für ihre Tätigkeit benötigen, und das von ihnen gebildete Kohlendioxid kann entweichen.

Pflege für reiche Ernte. ▷
Von Hügelbeeten können Sie sehr viel ernten. Doch sie brauchen auch besondere Pflege. Da sie rasch austrocknen, müssen sie oft und reichlich gegossen werden. Eine Gießrille erleichtert die Arbeit.

Grasschnitt als Mulch nur ganz dünn ausbringen.

Organische Mulchfolie.

Mulchen mit Stroh.

Das ist sehr viel weniger anstrengend als schlagendes Hacken, das nur auf sehr schweren Böden notwendig ist. Hacken Sie nach jedem stärkeren Regenguß, aber lassen Sie den Boden zuvor immer etwas abtrocknen. Unmittelbar neben den Gemüsepflanzen dürfen Sie nur flach hacken, damit die Wurzeln nicht beschädigt werden.

Unkraut jäten

Mit Mulchen und Hacken haben Sie schon viel gegen das lästige Unkraut getan. Solange es klein ist und sich in Grenzen hält, schadet es auch nicht. Viele Wildkräuter sind sogar Wirtspflanzen für Nützlinge, die den Biogärtner bei der Schädlingsbekämpfung unterstützen. Nehmen Sie also die Blicke Ihrer Gartennachbarn nicht gar so ernst, wenn in Ihrem Garten ein paar Unkräuter zwischen dem Gemüse wachsen. Doch wo unerwünschtes Grün üppig zwischen dem Gemüse wuchert, bleibt die Ernte gering. Das Jäten bleibt Ihnen also nicht völlig erspart.

So wird's gemacht:
- Jäten Sie immer, bevor die Unkräuter Samen ausbilden, damit sie sich nicht weiter verbreiten können.
- Geben Sie Unkräuter, die bereits Samen tragen, nicht auf den Kompost.
- Wurzelunkräuter wie Giersch, Winden und Quecken treiben Ausläufer und sind deshalb besonders hartnäckig. Weil sie aus jedem Würzelchen eine neue Pflanze bilden, müssen alle Wurzelstücke sorgfältig entfernt werden. Trocknen Sie die Wurzeln auf einem Stück Pappe oder auf einem gepflasterten Platz im Garten. Die Wurzeln dürfen erst auf den Kompost gegeben werden, wenn sie vollständig vertrocknet sind, sonst treiben sie wieder aus.

Außerdem werden dabei die feinen Luftkanäle der Bodenoberfläche zerstört, durch die die Feuchtigkeit sonst schnell verdunstet. Wer viel hackt, braucht nicht viel zu gießen — sagt deshalb auch ein altes Gärtnerwort.
Ein weiterer Vorteil regelmäßigen Hackens ist, daß man sich damit das lästige Unkrautjäten erleichtert. Denn beim gründlichen Lockern werden die Unkräuter zwischen den Reihen entwurzelt und können dann leicht entfernt werden.

So wird's gemacht:
In einem gesunden, krümeligen Boden genügt es, einfach den Sauzahn oder Krail durchzuziehen.

Gießen nach Maß

Wasser ist für alle Pflanzen lebenswichtig. Sie bestehen selbst zu einem Großteil aus Wasser und können auch die Nährstoffe aus dem Boden nur mit Hilfe von Wasser aufnehmen.

Gemüsepflanzen brauchen in der Regel viel Wasser und werden meist auch noch dicht angebaut, so daß die natürlichen Niederschläge allein nicht ausreichen. Wieviel Sie gießen müssen, hängt von folgenden Faktoren ab:

Gemüseart. Es gibt Gemüsearten mit großem und solche mit eher bescheidenem Durst. Sehr viel Wasser brauchen zum Beispiel Tomaten, Zucchini und Gurken. Weniger häufig müssen Sie Kopfkohl, Zwiebeln, Kartoffeln und Pastinaken gießen.

Bodenart. Leichte Sandböden trocknen schneller aus als Lehmböden, die sehr viel Wasser speichern können. Gemüse auf leichten Böden muß also öfter gegossen werden.

Bodenbedeckung. Ist der Boden mit einer Mulchschicht bedeckt, dann kann viel weniger Feuchtigkeit aus ihm verdunsten, als wenn er Wind und Sonne völlig »nackt« ausgesetzt ist. Bloße Erde muß also wesentlich mehr gegossen werden als bedeckte.

Jahreszeit. Im Jahresverlauf regnet es nicht gleichmäßig viel, und auch die Pflanzen haben wechselnde Bedürfnisse.

● Im Frühjahr ist die Erde noch mit Feuchtigkeit vollgesogen und die Sonne nicht so heiß. Sie müssen jetzt nur wenig gießen. Vergessen Sie aber nicht, frisch gesäte und gepflanzte Gemüse anzugießen.

● Im Sommer brauchen Gemüsepflanzen das meiste Wasser. Die Sommerhitze trocknet den Boden bis in tiefere Schichten aus, gleichzeitig wachsen die Pflanzen besonders schnell und entziehen ihm viel Wasser.

● Im Herbst benötigen vor allem späte Kulturen wie Rosenkohl, Grünkohl, Feldsalat, die jetzt noch am Wachsen sind, zusätzliche Wassergaben. Auch wenn die Nächte schon kühl und die Tage nicht mehr so heiß sind, dürfen Sie nicht vergessen, daß der Boden einen Wassernachschub braucht, wenn es lange nicht geregnet hat.

5 wichtige Gießregeln

1 Gießen Sie am frühen Morgen, wenn die Sonne noch nicht auf die Pflanzen scheint.
Dies sind die Vorteile:

● Die feuchte Erde erwärmt sich während des Tages schnell, das bekommt den Pflanzen.

● Die Verdunstungskälte, die bei abendlichem Gießen während der Nacht erhebliche Temperaturunterschiede bewirkt, kühlt am Tage lediglich – auch das ist gut für die Pflanzen.

● Die Schneckenplage läßt sich stark eindämmen. Schnecken werden vor allem nachts aktiv, und zwar um so aktiver, je feuchter Boden und Pflanzen sind.

2 Gießen Sie immer reichlich und durchdringend, dafür weniger häufig. Sparsames Gießen macht den Boden nämlich nur oberflächlich feucht. Er trocknet dann sofort wieder aus, ohne daß die Wurzeln genügend Wasser aufnehmen können. Ideal ist es, wenn der Boden immer über die gesamte Tiefe der Wurzeln feucht ist.

3 Prüfen Sie die Feuchtigkeit des Bodens im Zweifelsfall mit einem Pflanzholz. Denn selbst wenn der Boden oberflächlich feucht ist, zum Beispiel nach einem Regenguß, kann in der Tiefe noch Wassernotstand herrschen. Und umgekehrt kann der Boden noch Wasserreserven enthalten, wenn die oberste Schicht bereits ausgetrocknet ist.

4 Verlassen Sie sich auch bei den Pflanzen nicht ausschließlich auf den äußeren Eindruck. Gemüsearten mit dicken Blättern (Rhabarber, Mangold) machen bei Trockenheit nicht so schnell schlapp wie zum Beispiel junger Salat. Sie wachsen jedoch bei Wassermangel nicht weiter.

5 Verwenden Sie kein kaltes Leitungswasser zum Gießen – es ist für die Pflanzen nicht sehr bekömmlich. Die meisten Gärtner sammeln deshalb Regenwasser in Tonnen. Lassen Sie aber bei einem Regenguß die erste halbe Stunde das Wasser in die Kanalisation laufen. Dann hat der Regen den Schmutz vom Dach abgewaschen, und das Wasser gelangt anschließend relativ sauber in die Tonne. In langen Trockenzeiten sind die Regenwassertonnen schnell leer. Sammeln Sie dann Leitungswasser in den Tonnen und lassen es einige Zeit stehen, bis es warm und abgestanden ist. Sehr kalkhaltiges Wasser können Sie mit Torf verbessern, den Sie in ein Mullsäckchen (40 cm x 40 cm) füllen und in das Wasser hängen. Der Torf bindet den Kalk und macht das Wasser weicher.

Mein Tip: Lassen Sie Gemüsepflanzen nie zu stark austrocknen. Einige Arten vertragen keinen abrupten Wechsel von Trockenheit und Nässe: Radieschen und Kohlrabi platzen, Blumenkohl bildet keine guten Köpfe.

Düngen während der Wachstumszeit

Bei der Bodenvorbereitung im Herbst und Frühjahr (→ Seite 18) hat der Biogärtner seine Beete gut mit organischem Material versorgt. Die Mikroorganismen im Boden verwandeln es langsam in pflanzenverfügbare Nahrung. Den Pflänzchen ist damit ein guter Start gewährleistet. Im Verlaufe ihres Wachstums verbrauchen die Pflanzen – je nach Art – die Nährstoffe. Vor allem bei Starkzehrern muß deshalb ab und zu während der Vegetationszeit nachgedüngt werden. Dies gilt besonders, wenn sie auf Beeten stehen, die zuvor nur mit Gründüngung oder Kompost versorgt wurden.

Organische Handelsdünger

Auf dem Markt sind verschiedene organische Dünger erhältlich, die sich oft auch Bio-Dünger nennen. Alle diese Mittel können Sie zur Düngung nährstoffhungriger Pflanzen während der Vegetationszeit verwenden. Mit ihnen lassen sich auch ganz gezielt Nährstoffmängel beheben.

Die wichtigsten Handelsdünger sind:
- Hornmehl/Hornspäne (stickstoffreich),
- Blutmehl (stickstoffreich, viele Spurenelemente),
- Knochenmehl (viel Phosphat und Kalk),
- getrockneter Rindermist (viel Kalium und Kalk),
- Guano-Dünger (viel Phosphat und Kalk, Spurenelemente),
- Algendünger (viel Kalium, viele Spurenelemente),
- Rhizinusschrot (Stickstoff, Phosphat und Kalium),
- Azet-Dünger (Stickstoff, Phosphat, Kalium, Spurenelemente und Bodenorganismen).

So wird gedüngt:
- Streuen Sie den Dünger rund um die Pflanzen und harken Sie ihn leicht in den Boden ein.
- Starkzehrer, die in Beeten stehen, die mit Kompost versorgt wurden, alle 2 bis 4 Wochen mit Dünger versorgen.
- Pflanzen, die schlecht wachsen, 4 Wochen lang einmal wöchentlich düngen.
- Pflanzen, die in sehr engem Verband auf dem Beet stehen, alle 4 Wochen einmal düngen.
- Pflanzen, die als Nachkultur nach Stark- oder Mittelzehrern auf ein Beet gepflanzt oder gesät wurden, alle 2 bis 4 Wochen düngen.

Mein Tip: Besonders schnell wirken diese Dünger, wenn man sie verflüssigt. Dafür werden sie in Regenwasser 24 Stunden lang an einen sonnigen Platz gestellt und dann direkt an die Wurzeln der Pflanzen gegossen. Dabei rechnet man pro Quadratmeter Fläche 10 Liter Wasser, in das man die auf der Packung für den Quadratmeter angegebene Düngermenge gibt.

Pflanzenjauchen als Dünger

Eine Alternative zu den handelsüblichen Bio-Düngern sind selbstgemachte Pflanzenjauchen. Man sollte sie Starkzehrern vorbeugend alle 2 bis 4 Wochen geben. Sie wirken aber auch schnell, wenn Pflanzen wegen Nährstoffmangel kümmern oder schlecht wachsen.

Empfehlenswerte Pflanzenjauchen:
- Brennesseljauche ist besonders stickstoffreich und dient der Stärkung der Pflanzen. Man gießt damit schon die Jungpflanzen, sobald sie angewachsen sind, später alle 2 bis 4 Wochen (je nach vorheriger Bodendüngung).
- Beinwelljauche (Comfrey) enthält viel Stickstoff und Kalium. Sie wird vor allem an Fruchtgemüse gegeben. Tomaten vertragen davon wöchentlich eine Düngung.
- Kohljauche aus den äußeren Kohlblättern enthält Stickstoff und Spurenelemente. Sie ist für Starkzehrer geeignet.
- Tomatenjauche aus ausgegeizten Trieben fördert alle Starkzehrer. Sie wird einmal im Monat gegeben.
- Löwenzahnjauche verbessert die Qualität der Früchte bei Fruchtgemüsen und wirkt wachstumsregulierend.
- Ringelblumenjauche fördert die Gesundheit strapazierter und ausgelaugter Böden und stärkt die Pflanzen.

So werden Jauchen hergestellt:
In einen 10-Liter-Eimer aus Holz oder Plastik (niemals Metall!) etwa 1 kg grob zerkleinerte frische Pflanzenteile (ohne Samen) locker einschichten. (Für Tomatenjauche nehmen Sie 100 g ausgegeizte Triebe auf 5 Liter Wasser.) Den Eimer mit Regenwasser bis 10 cm unter den Rand auffüllen. In der Sonne stehen lassen und zweimal täglich umrühren. Geben Sie eine Handvoll Steinmehl bei – das erhöht den Gehalt an Spurenelementen und mindert unangenehmen Geruch. Nach 2 bis 3 Tagen beginnt die Jauche kräftig zu gären und wird schaumig. Nach etwa 10 Tagen ist sie fertig, bei kühlem Wetter kann es etwas länger dauern.

So werden Jauchen angewendet:
- Verdünnen Sie die fertigen Jauchen im Verhältnis 1:10, bei Jungpflanzen und Schwachzehrern im Verhältnis 1:20 mit Wasser und gießen Sie damit direkt an die Wurzeln der Pflanzen.
- Bringen Sie Pflanzenjauchen nur bei bedecktem Himmel oder abends aus. Wenn bei Sonnenschein Spritzer davon auf die Pflanzen gelangen, erleiden die Blätter Verbrennungen.

Warnung: Verschließen Sie größere Jauchefässer mit einem Gitter, damit Kinder oder Kleintiere nicht hineinklettern oder -fallen können.

Kürbispflanzen brauchen regelmäßige Düngung, um üppig zu wachsen.

Weitere Pflegemaßnahmen

<u>Anhäufeln.</u> Bei vielen Pflanzen ist es günstig, sie im Verlauf ihres Wachstums mehrmals anzuhäufeln. Am einfachsten geht es, wenn die Pflanzen in Reihen gesetzt sind. Anhäufeln kann man: Tomaten, Paprika, Auberginen, alle Kohlarten außer Kohlrabi und Chinakohl, Kartoffeln, Möhren, Bohnen, Erbsen, Lauch.

Das sind die Vorteile:
● Die Erdoberfläche um die Pflanzen wird vergrößert und der Boden dadurch besser belüftet. Vor allem bei schweren Böden ist das vorteilhaft.
● Viele Pflanzen (Tomaten, Kohl) bilden nach dem Anhäufeln zusätzliche Wurzeln aus dem nach oben wachsenden Sproß. Damit können sie mehr Nahrung und Feuchtigkeit aus dem Boden aufnehmen.
● Wurzelgemüse bekommt keine ungenießbaren grünen »Köpfe« (Möhren, Kartoffeln).

● Lauch bildet längere weiße Schäfte.

<u>An Stützen anbinden.</u> Dies ist bei allen Gemüsearten notwendig, die sich an ihren Stützen nicht selbst festhalten können, wie zum Beispiel Gurken und Tomaten. Achten Sie darauf, die Triebe locker anzubinden, da sie noch dicker werden, wenn sie wachsen. Achterschlingen (eine Schlinge um die Stütze, eine um den Pflanzentrieb) sind zum Anbinden ideal.

Was ist Kompost?
Beim Kompostieren wird organisches Material – Abfälle aus Garten und Küche – durch Bodenbakterien, Pilze und Würmer in Humus verwandelt. Dabei entsteht Wärme bis zu 70°C. Man nennt diesen Vorgang »Rotte«. Nach Abschluß der Rotte ist aus den Abfällen wohlriechende, krümelige, nährstoffreiche Komposterde entstanden.

So wirkt Kompost
Reifer Kompost enthält Milliarden von Bodenlebewesen. Gibt man ihn auf die Beete, impft man den Boden mit Mikroorganismen, das Bodenleben wird angeregt und gefördert. Gleichzeitig verbessert Kompost die Bodenstruktur, der Boden wird krümelig und locker, läßt sich leichter bearbeiten und kann mehr Nährstoffe speichern.

Der Kompostplatz
Zeichnung 1
Standort. Legen Sie den Kompostplatz an einer Stelle im Garten an, die leicht zugänglich und auch vom Haus auf kurzem Weg erreichbar ist. Der Platz sollte auch mit einer Schubkarre angefahren werden können. Mit einer Umpflanzung, zum Beispiel mit Sonnenblumen, Stauden oder Sträuchern, sorgen Sie für Beschattung und Windschutz.
Platzbedarf. Zwei Kompostsilos oder Mieten sind sinnvoll, in einem größeren Garten können es auch mehr sein. Denn während ein Kompost reift, wird der nächste laufend aufgebaut.
Untergrund. Legen Sie Kompost immer auf offener Erde an, damit Bodenlebewesen ein- und auswandern können.

Kompostanlagen
Kompostmieten benötigen viel Platz, sind aber einfach und ohne großen Aufwand anzulegen. Sie sollten nicht breiter als 1,2 m und nicht höher als 1,5 m sein. Die Länge hängt davon ab, wieviel Kompostmaterial in Ihrem Garten anfällt und wieviel Platz Ihnen zur Verfügung steht.
Kompostsilos brauchen weniger Platz und sind einfacher zu handhaben. Silos aus Holz (→ Zeichnung 1), Draht, Kunststoff (Recyclingmaterial), Blech (→ Zeichnung 2) oder Ziegelsteinen (→ Zeichnung 4) können Sie im Fachhandel kaufen oder selber bauen. Auf jeden Fall müssen sie seitlich belüftet sein, sonst fault das Material, anstatt zu verrotten.
Thermokomposter (→ Zeichnung 3) liefern in kürzester Zeit (etwa 8 Wochen) reifen Humus. Sie sind im Fachhandel erhältlich.

So wird ein Komposthaufen aufgebaut
Zerkleinern Sie Zweige oder verholzte Stengel auf 10 bis 15 cm Länge und legen Sie diese als unterste Schicht auf den Boden. Darüber

geben Sie einige Schaufeln reifen Kompost. Er enthält die Mikroorganismen, die die Rotte in Gang bringen. Steht Ihnen kein reifer Kompost zur Verfügung, verwenden Sie stattdessen Kompoststarter (→ Hilfsmittel, rechts). Auf diese Grundlage wird nun alles kompo-

1 | Dreiteilige Kompostanlage mit fertigem Kompost, komplett aufgesetztem Silo und einem abgedeckten Silo, das eben aufgeschichtet wird.

stierbare Material gegeben, das im Garten und in der Küche anfällt. Dabei sollten Sie darauf achten, daß die Struktur nicht zu dicht wird, denn die Abfälle verrotten nur richtig, wenn sie gut durchlüftet sind. Sehr schweres, dichtes Material (zum Beispiel Rasenschnitt, Laub) sollten Sie durch Zugabe von Stroh, zerkleinerten Stengeln oder Zweigen auflockern. Etwa alle 30 bis 50 cm geben Sie Zusatzstoffe dazu, die die Rotte fördern (→ Hilfsmittel, unten). Der fertige Komposthaufen wird vor dem Winter mit einer Schicht Stroh oder mit Jutesäcken abgedeckt. So halten sich Wärme und Feuchtigkeit besser.

Kompostpflege

Gießen. Der Kompost verrottet nur richtig, wenn er feucht bleibt. Bei längerer Trockenheit müssen Sie ihn hin und wieder gründlich gießen.
Umsetzen. Große Kompostmieten sollten Sie nach etwa 3 bis 4 Monaten einmal umsetzen. Dabei werden sie so umgeschichtet, daß das innere, bereits angerottete Material nach außen kommt, die äußeren, noch unverrotteten Bestandteile nach innen. Das fördert die Rotte. Bei Komposthaufen von weniger als 1 m³ Inhalt ist das Umsetzen nicht notwendig.

Hilfsmittel

Mit natürlichen Zusatzstoffen, die Sie beim Aufschichten zwischen die einzelnen Lagen des Kompostmaterials streuen, können Sie die Rotte beschleunigen und die Zusammensetzung des Komposts verbessern.
Kompoststarter und Kompostbeschleuniger (im Fachhandel erhältlich) enthalten neben verschiedenen rottefördernden Substanzen (Stickstoff, Spurenelemente, Kräuterauszüge) auch Mikroorganismen. Werden sie zu den Abfällen gegeben, dann vermehren sie sich schnell und beschleunigen die Rotte.

Stickstoff fördert die Aktivität der Mikroorganismen im Kompost. Sie können ihn in Form von frischem Stallmist oder organischen Handelsdüngern (Hornspänen, Hornmehl) zugeben.
Gehen Sie aber sparsam damit um: Von frischem Mist (auch Kleintiermist) nicht mehr als 2 bis 3 Schaufeln pro m² und 20 cm Schichtdicke dazugeben, von organischen Düngern etwa 3 bis 4 Handvoll auf dieselbe Fläche.
Kalk reguliert den pH-Wert und fördert die Bodenlebewesen. Er wird nur hauchdünn dazwischengestreut. Empfehlenswert ist Algenkalk, der neben dem hohen Anteil an kohlensaurem Kalk auch viele Spurenelemente und organische Bestandteile enthält. Etwas problematisch ist Kalkstickstoff. Er vernichtet zwar Unkrautsamen, tötet aber auch Bodenbakterien und Kompostwürmer.
Mein Tip: Zwiebelschalen und Kaffeesatz sind besondere Leckerbissen für Würmer. Es wurde nachgewiesen, daß Komposte, die viel davon enthalten, zehnmal mehr Würmer beherbergen als Komposte ohne Zwiebeln und Kaffee.

Wann ist der Kompost reif?

Rohkompost ist nach 3 bis 5 Monaten (je nach Witterung) entstanden. Er kann als Mulchmaterial bei Starkzehrern, unter Beerensträuchern und Obstbäumen eingesetzt werden.
Reifer Kompost steht nach etwa 1 Jahr zur Verfügung. Er ist feinkrümelig und riecht nach Walderde. Bringen Sie ihn im zeitigen Frühjahr dünn auf die Beete aus (etwa 1 Eimer Kompost pro m²). Starkzehrer erhalten bei der Pflanzung eine Handvoll Kompost ins Pflanzloch. Durchgesiebt und mit Sand vermischt ergibt reifer Kompost eine ideale Erde zur Pflanzenanzucht und für Balkonblumen.

2 | Tonne mit Luftlöchern.

3 | Thermokomposter.

4 | Sehr dauerhaft: ein gemauertes Silo aus Ziegelsteinen.

Bäuerliche Gartenidylle

Bunt gemischt präsentiert sich der traditionelle Bauerngarten. Gemüse, Kräuter und Sommerblumen wachsen in harmonischer Eintracht nebeneinander. Pflegeleichte, robuste Gemüsearten wie Salat, Kartoffeln und Bohnen dürfen nicht fehlen. Doch auch die empfindlichen Gurken finden hier ihren Platz. Im Windschatten der hohen Stangenbohnen zwischen Dill gepflanzt, gedeihen sie ganz prächtig. Jedes Fleckchen wird genutzt, kein Platz verschenkt. Und damit sich nicht die Vögel über den frisch gepflanzten Salat hermachen, steht die Vogelscheuche als stummer Wächter daneben. Sie hält die Vögel zwar von den gefährdeten Kulturen fern, nicht aber vom ganzen Garten. Denn Vögel, so lästig sie manchmal auch sein mögen, vertilgen eine Unmenge an Raupen, Maden und anderen Schadinsekten. Sie sind deshalb willkommene Gäste im Biogarten. Damit sie sich nicht zu schnell an die Vogelscheuche gewöhnen, sollten Sie diese öfters verändern. Ist Ihnen das zu aufwendig, dann sind Vogelschutznetze eine einfache Alternative.

Bunt und pflegeleicht.
Größtmöglichen Nutzen mit geringstem Aufwand zu verbinden, war immer das Ziel im Bauerngarten. Aus den Erfahrungen vieler Generationen entstand eine fröhlich bunte Mischung, die so schön wie sinnvoll ist.

Schädlingsabwehr ohne Gift

Marienkäfer.

Zartes Gemüse schmeckt auch Schnecken, Läusen und Raupen. Im biologischen Garten werden die ungebetenen Gäste nicht mit Gift bekämpft. Vorbeugen durch Stärkung der Pflanzen und Abwehren der Schädlinge mit sanften Mitteln sind eine wirksame Alternative.

In einem gut funktionierenden biologischen Garten sind die Pflanzen widerstandsfähig gegen Krankheiten. Und Schädlinge werden von Nützlingen so in Grenzen gehalten, daß sie die Ernten nicht ernsthaft gefährden.

Voraussetzung dafür ist, daß Sie den Anbau von Anfang an so planen, daß die Pflanzen optimale Bedingungen vorfinden. Dazu gehören eine gründliche Bodenvorbereitung und eine ausgewogene Düngung (→ Seite 18). Wenn Sie die Pflanzen dann auch noch so setzen, daß sie sich gegenseitig fördern (→ Praxis Mischkultur, Seite 22 und 23), sind sie weniger anfällig. Denn Schädlinge und Krankheiten befallen vor allem schwache Pflanzen.

Besondere Pflege brauchen Setzlinge. Denn kurz nach dem Einpflanzen, also während der Zeit des Einwurzelns, sind sie geschwächt und können leicht von verschiedenen Schädlingen (Insekten, Pilzen) befallen werden. Wenn Sie ihnen günstige Bedingungen bieten, damit sie so schnell wie möglich anwachsen, entgehen sie der Gefahr leichter.

Aber als Biogärtner sollten Sie auch damit leben können, daß eben doch die eine oder andere Raupe Löcher in den Kohl frißt, daß ab und an ein Setzling von Schnecken verzehrt wird und daß bei ungünstiger Witterung auch mal Blattläuse an den Bohnen zu finden sind.

Gesundheitsvorsorge für Gemüsepflanzen

Vorbeugen ist besser als Heilen – das gilt als erste Regel im biologischen Garten. Von der Pflanzenwahl bis zu einer ausgewogenen Düngung – immer sollten Sie darauf achten, die natürliche Widerstandskraft der Pflanzen zu stärken.

Die Wahl der richtigen Sorte, nämlich der Sorte, die zu Boden und Klima Ihres Gartens paßt, ist wichtig für das Gedeihen der Pflanzen. Kaufen Sie also nicht einfach »Salat«, sondern achten Sie darauf, daß Sie die Sorte wählen, die in Ihrem Garten die richtigen Bedingungen findet. Als Anfänger fragen Sie am besten gartenerfahrene Nachbarn um Rat. Oder kaufen Sie vorgezogene Pflanzen beim lokalen Gärtner. Dort erhalten Sie meist von vornherein Gemüsesorten, die im jeweiligen Klima und Boden gut gedeihen. Der richtige Standort ist ausschlaggebend für Widerstandskraft, Gesundheit und Wachstum der Gemüsepflanzen. Die meisten Arten brauchen viel Sonne und kümmern an einem schattigen Platz. Wer

Schädlinge und Krankheiten abwehren mit hilfreichen Nachbarpflanzen

Schädling/ Krankheit	Hilfreiche Abwehrpflanzen
Ameisen	Geranien, Lavendel, Thymian
Blattläuse	Kapuzinerkresse, Lavendel, Bohnenkraut
Kartoffelkäfer	Meerrettich
Möhrenfliege	Knoblauch, Lauch, Zwiebeln
Kohlweißling	Salbei, Rosmarin, Thymian, Pfefferminze, Zitronenmelisse, Tomaten, Sellerie
Schnecken	Kresse, Senfsaat, Thymian
Nematoden	Tagetes, Ringelblumen
Erdflöhe	Wermut, Pfefferminze
(Wühl)Mäuse	Sonnenblumen als Randbepflanzung, Narzissen, Kaiserkronen
Mehltau	Zwiebeln, Knoblauch

Luxuriöses Winterquartier für Schwebfliegen, Schlupfwespen und viele andere Nützlinge.

ausgesprochene »Sonnengemüse« wie etwa Tomaten oder Gurken in kalten Mittelgebirgslagen anbauen möchte, muß diesen Gemüsen unbedingt Schutz und Wärme geben, damit sie nicht von Krankheiten befallen werden. Decken Sie die Pflanzen mit Vliesen oder Plastikhauben ab oder ziehen Sie sie im Glashaus.

Die Bodenbeschaffenheit spielt eine Hauptrolle für die Gesundheit der Pflanzen. Auf schweren, verdichteten Böden wachsen alle Pflanzen schlecht und sind anfällig für Schäd-

linge und Krankheiten. Wurzelgemüse (Möhren, Meerrettich, Schwarzwurzeln) können sich oft überhaupt nicht entwickeln. Solche Böden müssen vor dem Anbau von Gemüse ausreichend verbessert werden (→ Seite 8). Achten Sie auch auf den pH-Wert des Bodens. Gemüsepflanzen mögen keinen sauren Boden und kümmern bei pH-Werten unter 5,5. Kalkung schafft hier Abhilfe.

Gute Durchlüftung des Bodens verhindert den Befall mit Bodenpilzen, die vor allem im nassen

Milieu gedeihen. Also regelmäßig hacken und lockern.

Eine ausgewogene Düngung (→ Seite 42) ist entscheidend für kräftiges und zügiges Wachstum. Einseitig stickstoffbetonte Düngung (zum Beispiel Geflügelmist) kann das Wachstum zwar beschleunigen, macht aber die Pflanzen anfälliger.

In Mischkulturen gepflanzt, können sich Gemüsearten gegenseitig vor Krankheiten und Schädlingen schützen. Zahlreiche Blumen und Kräuter halten ebenfalls Schädlinge fern (→ Tabelle, Seite 48).

Allgemeines über Schädlinge und Krankheiten

Wenn Ihre Gemüsepflanzen nicht gut gedeihen, wenn sie im Wachstum zurückbleiben, verfärbte oder verkrüppelte Blätter zeigen oder gar absterben, dann sollten Sie zuallererst sorgfältig nach den Ursachen forschen. Denn nur wenn Sie die genaue Ursache kennen, können Sie gezielt und wirksam eingreifen. Kontrollieren Sie die Pflanzen ganz genau. Betrachten Sie vor allem auch die Blattunterseiten. Graben Sie eventuell eine Pflanze aus und untersuchen Sie Wurzeln und Boden. Denn die Ursachen für Störungen können vielfältig sein.

Kulturfehler, zum Beispiel Nährstoffmangel oder Überdüngung (→ Tabelle, Seite 7), zuviel oder zuwenig Wasser, können zu Verfärbungen und zum Absterben der Blätter führen. In schweren, verdichteten Böden kann es zu Staunässe kommen, die schnell zum Faulen der Wurzeln und zum Absterben der Pflanzen führt.

Tierische Schädlinge, wie Läuse, Raupen, Spinnmilben, sind meist bei genauer Kontrolle der Pflanzen zu finden. Doch manche Schädlinge, zum Beispiel Schnecken und Erdraupen, sind nur nachts aktiv. Am nächsten Morgen findet man dann nur noch ihre Spuren: Löcher und Fraßstellen an den Blättern.

Krankheiten werden von Schädlingen hervorgerufen, die Sie mit bloßem Auge nicht sehen, weil sie mikroskopisch klein sind. Einen Befall erkennen Sie an scharf begrenzten Flecken auf Blättern, Stengeln und Früchten sowie an mehligen oder schimmeligen Belägen.

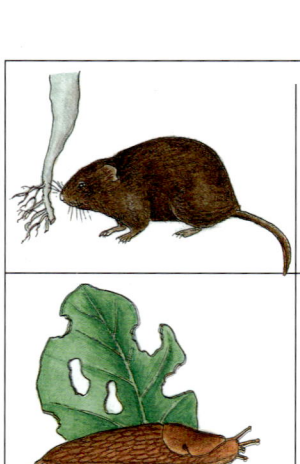

Wühlmäuse: Etwa 20 cm große braune Nagetiere, welche die Wurzeln der Pflanzen radikal abfressen. Gänge und Erdhaufen im Garten. Abwehr: Lärm und Druckwellen im Boden erzeugen, Abwehrpflanzen um gefährdete Pflanzen setzen, Mulchdecken kontrollieren. Im Notfall Fallen aufstellen.

Schnecken: Nacktschnecken fressen vor allem Jungpflanzen und aufgehende Saat von Blattgemüse und Salaten. Vor allem nachts bei Nässe aktiv. Abwehr: Schneckenzäune anbringen. Beete mit Holzasche, Sand, Sägespänen oder Gerstenspelzen umstreuen (nach Regen erneuern).

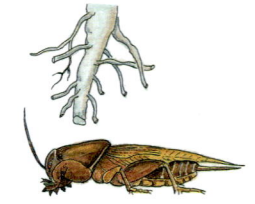

Maulwurfsgrillen (Werren): Bis 5 cm langes, braunes, geflügeltes Insekt, das fingerdicke Gänge gräbt, dabei Sämlinge entwurzelt und auch Wurzeln abfrißt. Abwehr: Gläser als Fallen ebenerdig eingraben. Wasser mit etwas Salatöl in die Gänge gießen, dann die Tiere absammeln.

Drahtwürmer: 2 bis 3 cm lange, harte, glänzende Larven, fressen Löcher in Kartoffeln und Möhren, aber auch die Wurzeln vieler anderer Gemüsearten. Abwehr: Halbierte Kartoffeln als Lockmittel in die Erde eingraben, mit den Drahtwürmern herausnehmen und vernichten.

Erdflöhe: Kleine schwarze oder schwarzgelb gestreifte Käfer, fressen Löcher in die Blätter von Kreuzblütlern (Kohl, Rettich). Abwehr: Mulchen, regelmäßig hacken und gießen. Mischkultur mit Salat. Rainfarnbrühe spritzen, Gesteinsmehl stäuben.

Kartoffelkäfer: Käfer und Larven fressen an Kartoffeln und anderen Nachtschattengewächsen die Blätter kahl. Abwehr: Rechtzeitig und regelmäßig Eier, Larven und Käfer absammeln. Farnkrautbrühe sprühen, Gesteinsmehl stäuben.

Schädlinge

Die unterschiedlichsten Tiere können als Schädlinge im Gemüsegarten auftreten. Solange sie sich nur in geringer Zahl einfinden, werden sie im biologischen Garten meist von Nützlingen in Schach gehalten. Wenn aber von Kohl- oder Kartoffelblättern nur noch die Rippen stehenbleiben, wenn junge Sämlinge regelmäßig von Schnecken dezimiert werden oder Wühlmäuse beeteweise die Pflanzenwurzeln anfressen, dann gilt es, die Gemüsepflanzen wirksam zu schützen.

Hier ein kurzer Überblick über die wichtigsten Schädlinge im Gemüsegarten:

Mäuse, vor allem Wühlmäuse, nagen die Wurzeln der Pflanzen ab. Doch sie schaden auch durch die zahlreichen Gänge, die sie durch die Gartenbeete graben. Diese Gänge sind an ihrer aufrecht-ovalen Form von denen der Maulwürfe zu unterscheiden, die flach-oval geformt sind. Darauf sollten Sie achten, wenn Sie Fallen aufstellen, denn der Maulwurf steht unter Naturschutz und darf nicht getötet werden!

Schnecken ernähren sich vorwiegend von auflaufender Saat und Jungpflanzen. Große Schäden richten aber nur die Nacktschnecken an – rote und braune, große und kleine. Gehäuseschnecken sind längst nicht so gefräßig. Weinbergschnecken dezimieren sogar die Eigelege der Nacktschnecken und stehen unter Naturschutz.

Insekten sind die zahlenmäßig größte Klasse im Tierreich und treten wohl auch am häufigsten als Schädlinge im Gemüsegarten auf. Zu dieser großen Tiergruppe zählen ganz unterschiedliche Formen, die die Pflanzen auch auf verschiedene Weise schädigen:

- Maulwurfsgrillen leben im Boden und fressen Pflanzenwurzeln an.
- Thripse saugen den Zellsaft der Blätter aus.

Kohlweißlinge: Gelbschwarze oder grüne Raupen, fressen Löcher in die Blätter von Kohlpflanzen. Abwehr: Mischkultur mit Tomaten, Sellerie. Im Mai und Juli Tomatenbrühe sprühen, Netze spannen. Eier und Raupen absammeln, *Bacillus-thuringiensis*-Präparat spritzen.

Lauchmotten: Kleine weißgelbe oder grüne Raupen, fressen lange Gänge in die Blätter von Lauch und Zwiebeln. Pflanzen faulen. Abwehr: Während der Flugzeit der Falter im Mai und Juli Fliegennetz spannen. Eier und Larven absammeln. Rainfarnbrühe oder *Bacillus thuringiensis* spritzen.

Gemüseeulen: Bräunliche Raupen fressen die Blätter von Kohl und Mais bis auf die Rippen ab, dringen in das Herz ein, die Pflanzen faulen. Abwehr: Mischkultur mit Sellerie, Tomaten, Thymian. Raupen abends über weißem Papier abklopfen. Mit Holunderblätter- oder Rhabarberbrühe spritzen.

Erdraupen: Graue Raupen im Boden, fressen nachts Wurzeln und erdnahe Pflanzenteile, auch junge Triebe von Kohl, Möhren, Schwarzwurzeln, Salat. Abwehr: Nachts Raupen im Boden absammeln. Brühe aus Wermut oder Holunderblättern spritzen, *Bacillus thuringiensis* einsetzen.

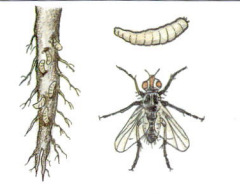

Kohlfliegen: Bis 1 cm lange, weiße Maden, fressen Wurzeln ab, bohren Gänge in Kohlstrünke und Rettiche. Abwehr: Nicht während der Eiablagezeit (Ende April/Mitte Mai) pflanzen. Kohl tief setzen, Kohlkragen umlegen. Rettichsaat mit Netzen schützen.

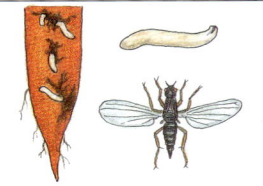

Möhrenfliegen: Kleine gelbliche Maden, fressen Gänge in Möhren, Pastinaken, Sellerie. Abwehr: Nicht mit Mist düngen. Mischkultur mit Zwiebeln, Knoblauch. Fliegennetze spannen. Nach dem Vereinzeln angießen. Zwiebelbrühe sprühen.

• Läuse saugen ebenfalls den Pflanzensaft. Dabei können sie auch Viruskrankheiten übertragen.

• Käfer (oft auch ihre Larven) fressen Löcher in Blätter und Blütenknospen. Der Drahtwurm, die Larve des Schnellkäfers, frißt Wurzeln an.

• Schmetterlinge ernähren sich als Falter von Blütenpollen und Nektar. Doch sie legen Unmengen von Eiern, aus denen gefräßige Raupen schlüpfen, die sich über Blätter und Wurzeln ihrer Wirtspflanzen hermachen.

• Fliegen legen ihre Eier an Blättern oder Wurzeln ab. Daraus schlüpfen Maden, die Gänge in die Pflanzen fressen und sie dadurch ungenießbar machen.

Milben sind Spinnentiere. Sie sind winzig klein, gelb oder rötlich und sitzen meist auf den Blattunterseiten, oft durch ein feines Gespinst geschützt. Sie saugen den Zellsaft aus den Blättern, so daß die Pflanzen geschwächt werden und absterben.

Nematoden (Fadenwürmer) leben in unvorstellbarer Zahl in jedem Gartenboden. Nur ganz wenige spezialisierte Arten legen ihre Eier in den Pflanzenwurzeln ab. Die jungen Larven schädigen Wurzeln und Stengel, so daß die Pflanzen kümmern und absterben.

Lästlinge wie Tausendfüßler und Asseln ernähren sich vor allem von verwesenden Pflanzenteilen und richten selten große Schäden an den Pflanzen an. Nur wenn sie gehäuft auftreten, kann es notwendig werden, gegen sie vorzugehen. Da sie dunkle, feuchte Schlupfwinkel lieben, kann man sie mit ausgelegten Brettern oder umgedrehten Blumentöpfen anlocken und dann absammeln.

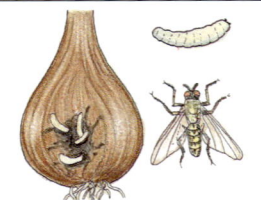

Zwiebelfliegen: Kleine weiße Maden, fressen am Laub von Zwiebeln, Lauch und Knoblauch, bohren sich auch ins Innere von Zwiebeln. Abwehr: Insektennetze spannen. Frisch gesteckte Zwiebeln mit Algenkalk oder Gesteinsmehl bestäuben. Rainfarntee spritzen. Befallene Pflanzen vernichten.

Weiße Fliegen (Mottenschildläuse): Winzige weiße Insekten auf Blattunterseiten, fliegen bei Berührung auf. Blätter fleckig, klebrig, Rußtaubildung. Vor allem im Gewächshaus, im Freien auch an Kohl. Abwehr: Seifenbrühe, Rainfarnbrühe, Pyrethrum-Präparate spritzen. Im Glashaus Gelbtafeln.

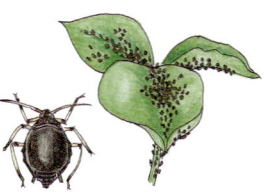

Blattläuse: Grüne oder schwarze Läuse an Blättern, Stengeln, Triebspitzen. Eingerollte, klebrige Blätter, Absterben der Pflanzen. Abwehr: Bei geringem Befall mit Wasser abspritzen. Später Brühen aus Brennessel, Wermut, Rainfarn, Rhabarber (bei schwarzen Läusen) oder Seifenwasser einsetzen.

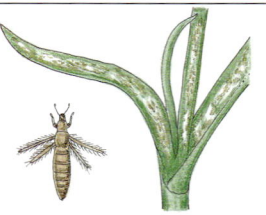

Thripse: 1 mm große, gelbschwarz gestreifte Insekten, saugen die Blattzellen aus, so daß die Blätter silbrig gesprenkelt wirken. Vor allem an Erbsen, Gurken, Lauch, Kohl und Zwiebeln. Abwehr: Mulchen. Bei warmem, trockenem Wetter beregnen. Seifenbrühe, im Notfall Pyrethrum-Präparate spritzen.

Spinnmilben (Rote Spinne): Rötliche Milben in feinen Gespinsten. Ausgesaugte Blätter verkrüppeln, sterben ab. Besonders an Bohnen, Gurken. Abwehr: Brühen aus Schachtelhalm, Rainfarn, Brennesseln sprühen. Im Glashaus Raubmilben einsetzen.

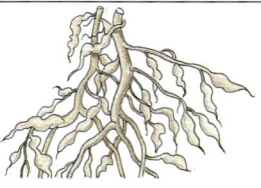

Nematoden (Wurzelälchen): Winzige wurmähnliche Tiere, saugen an Wurzeln von Kreuzblütlern, Möhren, Kartoffeln. Mißbildungen, Absterben. Abwehr: Fruchtwechsel. Mischkultur mit Tagetes, Ringelblumen. Befallene Pflanzen vernichten.

Krankheiten

Krankheiten befallen vorwiegend geschwächte Pflanzen. Schadpilze können bei Pflanzen, deren Gewebe durch eine übermäßige Stickstoffdüngung aufgeschwemmt und weich ist, besonders leicht eindringen und sich ausbreiten. Bakterien und Viren treten durch Verletzungen ins Pflanzengewebe ein.

Da die meisten Krankheiten schwer oder überhaupt nicht zu bekämpfen sind, wenn sie einmal aufgetreten sind, gilt hier den Vorbeugemaßnahmen besonderes Augenmerk. Sie reichen von der ausgewogenen, nicht zu stickstoffreichen Düngung bis zum regelmäßigen Sprühen von stärkenden Pflanzenbrühen.

Pilze

● Mehltau, und zwar Echter und Falscher Mehltau, können fast alle Gemüsepflanzen befallen und sie stark schädigen.
● Schimmelpilze treten nur bei feuchtem Wetter auf.
● Bodenpilze schädigen die unterirdischen Teile der Pflanzen und rufen dabei die Schwarzbeinigkeit von Sämlingen hervor.
● Kraut- und Knollenfäule befällt vor allem Nachtschattengewächse (Tomate, Kartoffel). Sie kann ganze Pflanzen oder Teile davon stark schädigen.
● Blattfleckenkrankheiten treten gerne bei feuchtem Wetter an stark mit Stickstoff gedüngten Pflanzen auf.
● Kohlhernie ist eine Pilzkrankheit, die alle Kohlarten befallen kann. Grünkohl ist am wenigsten gefährdet.

Bakterien und Viren

Pflanzen können, wie Menschen auch, von Bakterien und Viren befallen werden. Die Erreger werden oft von saugenden Insekten, vor allem Blattläusen, übertragen. Es gibt gegen sie keine Abhilfe.

Mehltau: Grauer, mehliger Belag auf Blattober- oder -unterseiten von Gurken, Erbsen, Kohl, Salat, Spinat, Zwiebeln. Abwehr: Resistente Sorten wählen. Nicht zu dicht pflanzen. Vorbeugend mit Schachtelhalmbrühe sprühen. Befallene Pflanzenteile abschneiden und vernichten.

Grauschimmel: Faulstellen mit graubraunem Pilzrasen an Bohnen, Salat, Zwiebeln und Gurken, vor allem in nassen Sommern. Abwehr: Nicht zu eng pflanzen. Vorbeugend Schachtelhalmbrühe auf Boden und Pflanzen spritzen. Kranke Pflanzenteile vernichten.

Schwarzbeinigkeit: Schwarze Verfärbungen am Stengelgrund und an Wurzeln von Sämlingen. Pflanzen fallen um, sterben ab. Vor allem bei Kohl, Tomaten, Salat, Gurken. Abwehr: Nicht zu dicht säen, früh pikieren, gut lüften. Aussaaterde mit Sand mischen, mit Schachtelhalmtee besprühen.

Kraut- und Knollenfäule: Braune Flecken erst an Blättern, dann an Stengeln und Früchten von Kartoffeln und Tomaten. Abwehr: Nicht zu eng pflanzen. Vorbeugend Knoblauch- und Zwiebelbrühe oder Schachtelhalmtee sprühen. Kranke Blätter sofort entfernen und vernichten.

Blattfleckenkrankheit: Schwarze Flecken an Blättern, Früchten und Wurzeln bei Bohnen, Erbsen, Gurken, Lauch, Sellerie, Rote Bete. Abwehr: Vorbeugend Schachtelhalmbrühe spritzen. Beete nicht bei nassem Wetter bearbeiten. Kranke Teile vernichten.

Kohlhernie: Wucherungen an Kohlwurzeln, Pflanzen bleiben klein, welken. Abwehr: Fruchtwechsel. Vor Kohl nie Senf oder Raps als Gründüngung anbauen, nicht mit Mist düngen. Algenkalk ins Pflanzloch geben. Kranke Pflanzen vernichten.

Mechanischer Pflanzenschutz

Am wirksamsten schützen Sie Ihre Gemüsepflanzen vor »Mitessern«, indem Sie diese mit einfachen Mitteln von den Pflanzen fernhalten. Und wenn Sie Ihre Beete regelmäßig kontrollieren, können Sie einen Schädlingsbefall schon im Anfangsstadium erkennen und leicht bekämpfen. Dafür gibt es verschiedene bewährte Methoden.

Netze und Vliese verhindern, daß Gemüsefliegen, Kohlweißlinge und andere Schädlinge an der keimenden Saat oder den kleinen Pflänzchen (zum Beispiel von Möhren, Zwiebeln, Kohl, Lauch, Bohnen, Sellerie, Rettich) ihre Eier ablegen. Im Fachhandel sind spezielle Gemüsefliegen-Netze erhältlich, die fest über das frisch angesäte Beet gespannt werden. Netze verhindern auch, daß Vögel die Samen aus dem Boden picken. Diese Vliese und Netze sind so durchlässig, daß man sie zum Gießen nicht entfernen muß. Nehmen Sie sie erst ab, wenn die Pflanzen kräftig herangewachsen sind.

Kohlkragen um die Stengel frisch gepflanzten Kohls (und zwar aller Arten) verhindern, daß Insekten, vor allem die Kohlfliege, ihre Eier an der Stengelbasis ablegen. Zu diesem Zweck verwendet man Pappkragen (Durchmesser etwa 20 cm), die man eng um die Stengel legt.

◁ *Nachbarn helfen Nachbarn.*
Manche Pflanzen wirken irritierend oder abwehrend auf Schädlinge. Stark duftende Kräuter sind besonders wirksam. Wenn sie dabei noch so üppig blühen wie dieser Lavendel, bringen sie Charme und Farbe in jeden Gemüsegarten.

Stanniolstreifen oder an Stöcken aufgehängte Joghurtbecher schrecken Vögel ab, welche gerne Samen und Jungpflanzen stibitzen. Auch eine Vogelscheuche hilft – allerdings muß man sie ab und zu verändern, sonst verlieren die Vögel den Respekt vor ihr.

Lockmittel versammeln viele Schädlinge an einem Platz, so daß sie leicht eingesammelt werden können. Drahtwürmer lockt man mit halben Kartoffeln, die man mit der angeschnittenen Seite nach unten in die Erde drückt. Schnecken kann man mit angewelkten Gemüseblättern (zum Beispiel Salat) anlocken, ebenso mit Bier in eingegrabenen Schalen, in denen die Schnecken ertrinken.

Stäuben mit Gesteinsmehl oder Algenkalk vertreibt Kartoffelkäfer und viele Raupen, oft auch Läuse und Motten. Der feine Staub wird jedoch vom Regen abgewaschen, man muß ihn also öfter ausbringen. Und noch etwas: Verwenden Sie diese Mittel nicht bei Früchten und Blättern, die zum Verzehr gedacht sind!

Abspritzen hilft gegen Blattläuse – vor allem im Anfangsstadium. Dazu einfach mit dem scharfen Strahl aus dem Gartenschlauch auf die Übeltäter zielen. Achtung – Jungpflanzen vertragen diese Behandlung nicht!

Absammeln von Raupen und Käfern ist mühsam, aber wirkungsvoll. Man kann auch abends ein weißes Tuch unter die Pflanzen legen und kräftig schütteln oder klopfen. Käfer, Raupen und Wanzen fallen dabei ab und werden eingesammelt.

Schneckenzäune stellt man um besonders gefährdete Kulturen. Im Fachhandel sind verschiedene Varianten erhältlich, zum Beispiel der Elektrozaun, der entweder mit Sonnenenergie oder mit Schwachstrom aus der Batterie betrieben wird, daneben auch Zäune aus Metall oder Kunststoff, die oben spitz nach außen abgewinkelt sind. Alle diese Zäune sind nur wirksam, wenn Sie ständig das Unkraut entlang des Zauns entfernen. Ein einziger Grashalm, der sich über den Schneckenzaun ins Beet neigt – und die Schnecken benützen ihn als Brücke.

Zäune halten Kaninchen und fremde Hunde (nicht jedoch Katzen) aus dem Garten fern.

Fallen sind vor allem im Kampf gegen Wühlmäuse und Werren nützlich.

Nützlinge: Helfer im biologischen Garten

Nicht alles, was fliegt und krabbelt, hat es auf unsere Gemüsepflanzen abgesehen. Viele Käfer, Fliegen und Spinnen im Garten ernähren sich von anderen Insekten und verhindern so deren übermäßige Vermehrung. Wer immer sofort mit der chemischen Keule gegen die Schädlinge vorgeht, vernichtet damit auch die Nützlinge – die nächste Schädlingsinvasion ist vorprogrammiert. Aber auch giftfreie Mittel sollten Sie nur einsetzen, wenn nicht genügend Nützlinge im Garten sind, um die Schädlinge ausreichend zu dezimieren.

Wenn also Blattläuse im Garten auftreten, sollten Sie zuerst nachsehen, ob sich in der Nähe auch Marienkäfer oder deren Larven befinden und ob Schweb- und Florfliegen ihre Eier an den befallenen Pflanzen abgelegt haben. Sind Nützlinge da, dann wird der Läusespuk bald eingedämmt.

Erwarten Sie jedoch nicht, daß die Nützlinge alle Schädlinge total ausrotten. Das wäre auch nicht in ihrem Sinne. Schließlich muß die Nahrungsgrundlage für die nächste Generation gesichert sein.

Wichtige Nützlinge im Gemüsegarten

Marienkäfer. Die runden roten Käfer mit den schwarzen Punkten (manchmal sind sie auch gelb mit schwarzen Punkten) und ihre graugelb gepunkteten Larven verzehren bis zu 3000 Blattläuse während ihres Lebens.

Florfliegen. Das erwachsene Tier mit den durchsichtigen grünlichen Flügeln und den großen goldenen Augen ernährt sich ausschließlich von Blütenpollen. Aber seine Larven sind auf Blattläuse spezialisiert.

Schwebfliegen. Das erwachsene Tier sieht aus wie eine Wespe ohne Wespentaille. Jede einzelne Larve verzehrt bis zur Verpuppung bis zu 1000 Blattläuse.

Schlupfwespen. Es gibt viele Arten dieses nützlichen Insekts. Alle legen ihre Eier in Blattläuse, Raupen und Gespinstmotten. Die schlüpfenden Larven fressen den »Wirt« buchstäblich von innen auf.

Ohrwürmer. Die länglichen braunen Insekten mit den Zangen am Hinterleib sind nur nachts unterwegs. Sie fressen Blattläuse und kleine Insekten oder Raupen, dann und wann auch die Knospen von Blütenpflanzen.

Spinnen. Es gibt viele von diesen achtbeinigen Räubern im Gemüsegarten – von ganz winzigen bis zu den großen Kreuzspinnen. Alle fangen Insekten mit Hilfe raffinierter Netze.

Raubwanzen. Auch hier gibt es verschiedene Arten, die sich jeweils auf Blattläuse, Spinnmilben oder andere saugende Insekten spezialisiert haben. Es gibt allerdings auch einige pflanzenschädigende Wanzen. Man sollte jedoch gegen diese Tiere erst vorgehen, wenn man feststellt, daß sie tatsächlich Schaden an Gemüsepflanzen angerichtet haben.

Weichkäfer. Sowohl die Larven wie auch die Käfer vertilgen Blattläuse.

Laufkäfer. Diese großen, sehr schnell rennenden Käfer sind nachtaktiv. Sie und ihre Larven fressen jede Menge Raupen, Larven, Puppen und sogar kleinere Schnecken.

Blindschleichen. Sie sind keine Schlangen, sondern Echsen und absolut ungefährlich. Sie fressen vor allem Nacktschnecken, aber auch Insekten und Raupen.

Kröten und Frösche. Sie lieben Nacktschnecken, aber auch Würmer, Raupen und kleine Insekten. Vor allem die Erdkröte findet man manchmal an einem feuchten, dunklen Platz im Garten. Man sollte sie gut behandeln und nicht angeekelt entfernen!

Igel. Diese nachtaktiven Jäger fressen Würmer, Schnecken, Raupen, sogar junge Mäuse. Allerdings auch ab und zu Erdbeeren und andere süße Gartenfrüchte. Wenn man ihnen einen Laub- oder Reisighaufen als Überwinterungsplatz bietet, bleiben sie jahrelang mit ihrer Familie im Garten.

Fledermäuse. Sie vertilgen jede Menge Falter, Spanner und Fliegen, deren Raupen sich vom Gemüse ernähren. Leider sind sie selten geworden. Wo sie in einem Schuppen oder auf dem Speicher wohnen, sollte man sie nicht stören.

Maulwürfe. Natürlich ärgert sich der Gartenbesitzer, wenn sie überall ihre Hügel in den Gemüsebeeten aufwerfen. Der Ärger wird aber aufgewogen durch die große Zahl der Bodenschädlinge, die ein Maulwurf mit seiner Familie verzehrt. Maulwürfe stehen auf der Roten Liste der vom Aussterben bedrohten Tierarten – wer sie tötet, macht sich strafbar!

Vögel. Vor allem während der Zeit, in der sie ihre Brut aufziehen, fangen sie eine Unmenge von Insekten (eine einzige Meise zum Beispiel bis zu 30 kg Raupen). Damit sie nicht an den Gemüsepflanzen picken, sollte man geeignete Schutzmaßnahmen ergreifen (Bänder, Netze).

Nützlinge fördern

Viele Nützlinge stellen sich von allein im Gemüsegarten ein, wenn Schädlinge auftreten, die ihre Nahrungsquelle sind. Ein kluger Gärtner sorgt aber auch dafür, daß sie bleiben.

- Niemals giftige Chemikalien ausbringen. Sie töten auch Nützlinge.
- Auch pflanzliche Mittel sehr sparsam und nur gezielt einsetzen.
- Niemals den Garten ganz ordentlich aufräumen. Im Winter brauchen die Nützlinge Unterschlüpfe, um zu überleben: Wurzelstrünke, kleine Erdspalten, verrottendes Pflanzenmaterial, Bretter oder eingegrabene Töpfe.
- Für Blindschleichen und Igel Laub- und Totholzhaufen in einer Ecke einrichten.
- Kröten und Frösche stellen sich ein, wenn Sie einen Teich im Garten anlegen.
- Nistkästen für Vögel anbringen.
- Schilfrohre und Holzklötze, in die Sie Löcher gebohrt haben, bieten Schlupfwespen ein Winterquartier (→ Foto, Seite 49).
- Florfliegen kann man mit einem speziellen Kasten in den Garten locken. Bauen Sie einen Holzkasten mit 20 cm Kantenlänge, Unter- und Vorderseite aus Lamellen, mit abnehmbarer Unterseite. Kasten mit Holzwolle oder Heu füllen, an einem etwa 1,8 m hohen Pfahl befestigen und ab Mitte September außerhalb der Ortschaft an einem Wieserrand aufstellen. Die Florfliegen schlüpfen darin zum Überwintern unter, und wenn Sie den Kasten Ende Oktober in den Garten holen, sind im Frühjahr viele Florfliegen einsatzbereit.

Pflanzenbrühen – Vorbeugung und Notmaßnahme

»Sanften Pflanzenschutz« nennt man die Anwendung von Spritzmitteln (Brühen und Tees), die man aus geeigneten Pflanzen selbst herstellen kann (→ Tabelle, Seite 59). Diese Pflanzenbrühen (nicht zu ver-

Ohrwurm.

Weichkäfer.

Florfliege.

Larve des Marienkäfers.

Marienkäfer auf Blattlausjagd.

wechseln mit den Pflanzenjauchen, die der Düngung und Stärkung dienen, → Seite 42) vertreiben Schädlinge und können sie sogar töten. Aber sie werden schnell und ohne Rückstände abgebaut, die Pflanzen nehmen ihre giftigen Inhaltsstoffe nicht auf. Das heißt natürlich, daß ihre Wirkung nicht lange andauert und daß man sie, je nach Krankheit oder Schädlingsbefall, öfter anwenden muß. Das bedeutet auch, daß nicht alle Schädlinge radikal vernichtet werden, was wiederum den Nützlingen zugute kommt.

Wirkungsweise der Pflanzenbrühen:
● Zellhärtend: Kieselsäure, zum Beispiel im Ackerschachtelhalm, festigt die Zellwände, so daß Pilzsporen nicht in das Gewebe eindringen und es schädigen können.
● Abwehrend: Ätherische Öle, die starke Düfte ausströmen, irritieren oder vertreiben viele Schadinsekten. Sie sind zum Beispiel in Blättern von Tomate, Holunder, Schwarzer Johannisbeere und Farnkraut enthalten, auch in stark duftenden Kräutern.
● Ätzend: Durch spezielle Inhaltsstoffe der Pflanzen werden die

Schädlinge getötet, zum Beispiel bei Rainfarn, Wermut, Brennessel, Rhabarberblättern.
● Keimtötend: Manche ätherischen Öle, zum Beispiel von Knoblauch, Zwiebeln, Meerrettich, Kamille, Schafgarbe, wirken keimhemmend auf Pilzsporen und Bakterien.
Warnung: Bewahren Sie Pflanzenbrühen immer so auf, daß sie für Kleinkinder und Haustiere unerreichbar sind. Ihr Genuß kann zu gesundheitlichen Schäden führen.

Auszug, Brühe oder Tee?

Es gibt drei Möglichkeiten, Spritzmittel aus Pflanzen herzustellen:
Kaltwasserauszug: Frische oder getrocknete Pflanzenteile werden 24 Stunden bis 3 Tage in kaltes Wasser (am besten Regenwasser) gelegt, danach abgesiebt und unverdünnt oder 1:1 verdünnt ausgespritzt. Der Auszug darf nicht gären!
Pflanzenbrühe: Frische Pflanzenteile werden 24 Stunden in Regenwasser eingeweicht, danach 30 Minuten gekocht, zugedeckt abgekühlt und in Verdünnungen 1:10 gespritzt.
Tee: Getrocknete oder frische Pflanzenteile werden mit kochendem Wasser übergossen, abgekühlt und in Verdünnungen von 1:5 bis 1:10 gespritzt.
Wichtig: Brühen, Tees und Kaltwasserauszüge sind nicht sehr lange haltbar. Nach einigen Tagen werden sie sauer und verlieren ihre Wirkung.
Mein Tip: Die abgesiebten Pflanzenteile sollten Sie als Mulch auf das behandelte Beet legen oder auf den Kompost geben.

Weitere biologische Mittel

Seifenlösung ist wirksam gegen Raupen und Insekten. Dafür werden 300 g Schmierseife in 10 Liter heißem Wasser aufgelöst. Nach dem Abkühlen wird das Seifenwasser auf die befallenen Pflanzenteile gesprüht.
Spiritus-Seifen-Brühe vernichtet Läuse. Dafür wird der Seifenlösung nach dem Abkühlen ¼ Liter Spiritus beigemischt. Verwenden Sie dieses Mittel aber nicht bei Pflanzen, die Sie innerhalb der nächsten 2 Wochen ernten wollen!
Quassia-Brühe wirkt gegen alle saugenden und fressenden Insekten. Verwenden Sie sie jedoch nur im Notfall, da sie auch Nützlinge vernichtet. Für diese Brühe werden 150 g Quassia (auch als Bitterholz bezeichnet, in der Apotheke erhält-

lich) in 2 Liter Wasser 48 Stunden lang eingeweicht. Anschließend wird der Auszug mit Seifenwasser (200 g Schmier- oder Pflanzenseife auf 10 Liter Wasser) verdünnt und auf die Pflanzen gesprüht.

Präparate zum Kaufen

Erfreulicherweise kommen immer mehr biologische Pflanzenschutzpräparate auf den Markt. Sie sind einfacher in der Anwendung als die selbstgemachten Mittel, aber auch entsprechend teurer. Verwenden Sie sie genau nach Vorschrift.
Die meisten biologischen Insektizide sind nützlingsschonend. Pyrethrum-Präparate dagegen sind sehr giftig, sie vernichten auch Nützlinge. Ihr Vorteil: Bei Sonnenschein werden die Wirkstoffe innerhalb weniger Stunden abgebaut und lagern sich nicht in den Gemüsen ein.
Gegen Pilzerkrankungen gibt es Mittel mit Lecithin, das aus der Sojapflanze gewonnen wurde, Mittel mit natürlichen Fettsäuren, Kräuterpräparate aus Ackerschachtelhalm und Zwiebeln, Netzschwefelpräparate, Kieselpräparate.
Warnung: Verwenden Sie diese Mittel immer genau nach Gebrauchsanweisung und halten Sie Kinder und Haustiere von ihnen fern.
Gegen Schadinsekten bestehen die Mittel aus ätherischen Duftstoffen, die aus Wildkräutern gewonnen wurden, aus Paraffinöl, aus Kaliumsalzen oder aus Pyrethrum-Blütenextrakt. Interessant für den Kleingarten sind auch Bakterienpräparate, die unter der Bezeichnung *Bacillus thuringiensis* im Fachhandel erhältlich sind. Das sind Streu- und Spritzmittel, die raupentötende Bakterien enthalten.
Für den Einsatz im Gewächshaus sind auch spezielle Nutzinsekten, zum Beispiel Raubmilben und Schlupfwespen, erhältlich (→ Bezugsquellen für Nutzinsekten, Seite 111).

Warnung: Pyrethrum-Präparate sind stark giftig und dürfen nicht in die Blutbahn gelangen. Vorsicht bei offenen Wunden! Tragen Sie beim Sprühen immer Handschuhe und einen Mundschutz!
Kombipräparate wirken sowohl gegen Pilzerkrankungen als auch gegen Schadinsekten. Sie enthalten Meeresalgen, Kräuter oder natürliche Mineralien.

Im Falle eines Falles

Auch im biologisch bewirtschafteten Garten kann es, bedingt durch Zuzug aus den Nachbargarten, durch schlechte Witterungsbedingungen oder aus anderen Gründen einmal zu einer Häufung von Krankheiten oder Schädlingen kommen. Das ist noch kein Grund zum Verzweifeln. Es gibt Mittel und Wege, das Gleichgewicht wiederherzustellen.
Pilzkrankheiten. Sind Pilzkrankheiten aufgetreten, werden die befallenen Pflanzen entfernt und vernichtet. Sie dürfen nicht auf den Kompost gegeben werden. Behandeln Sie den Boden vor einer Neubepflanzung mehrmals mit Ackerschachtelhalmbrühe oder einem biologischen Pilzvorbeugemittel, die Neupflanzung vorbeugend zwei- bis dreimal im Abstand von 4 Wochen ebenfalls.
Nematoden. Auf den befallenen Beeten dürfen mindestens 3 Jahre lang keine Kreuzblütler mehr angepflanzt werden. Die Wurzelausscheidungen von Tagetes vernichten die Nematoden. Pflanzen Sie also zwischen den neuen Kulturen immer eine Reihe Tagetes. Hilfreich ist auch eine Gründüngung mit der speziell zur Nematodenabwehr gezüchteten Rapssorte 'Maxi'. Die Nematoden legen ihre Eier in den Pflanzenwurzeln ab (da Raps ein Kreuzblütler ist), aber die Larven finden darin keine Nahrung und sterben ab.

Pflanzenbrühen – Herstellung und Wirkung

Pflanze	Zutaten	Zubereitung	Verdünnung	Wirkung
Ackerschachtel-halm	1 kg frisches Kraut auf 10 l Wasser	Brühe/Tee	1:5	vorbeugend bei Pilzkrankheiten
Brennessel	1 kg frisches Kraut auf 10 l Wasser	Kaltwasserauszug	unverdünnt	gegen Läuse
Farnkraut	1 kg frisches Kraut auf 10 l Wasser	Tee/ Kaltwasserauszug	1:10	gegen saugende, fressende Insekten
Holunderblätter	1 kg Blätter auf 10 l Wasser	Kaltwasserauszug	unverdünnt	gegen Raupen
Knoblauch	75 g Zehen (gepreßt) auf 10 l Wasser	Tee	unverdünnt	gegen Pilzkrankheiten
Kohlblätter	1 kg frische Blätter auf 10 l Wasser	Kaltwasserauszug	unverdünnt 1:5	gegen Kohlhernie gegen Erdflöhe
Rainfarn	300 g frisches Kraut auf 10 l Wasser	Kaltwasserauszug	1:3 unverdünnt	gegen Schadinsekten, gegen Mehltau/Rost
Rhabarber	500 g Blätter auf 3 l Wasser	Brühe	unverdünnt	gegen Läuse, Lauchmotte
Tomate	75 g Blätter auf 5 l Wasser	Kaltwasserauszug	unverdünnt	gegen Kohlweißlinge
Wermut	300 g frisches Kraut auf 10 l Wasser	Kaltwasserauszug	unverdünnt	gegen Läuse, Raupen

Blattläuse. Bei geringem Befall kann man die Läuse von Hand abstreifen oder mit einem scharfen Wasserstrahl vertreiben. Haben sich die Läuse schon stark ausgebreitet, dann verwenden Sie Pflanzenbrühen, vor allem aus Rainfarn und Rhabarberblättern. Auch das Kochwasser von abgekochten Kartoffeln oder eine Seifenbrühe sind wirkungsvoll.
Raupen. Sie werden am besten abgelesen. Mit Pflanzenbrühen aus Holunderblättern, Eichenblättern oder Rainfarn können Sie diese Schädlinge vertreiben.

Schnecken. Bei trockener Witterung sind Schnecken nur nachts aktiv. Deshalb frühmorgens gießen. Jungpflanzen durch Umstreuen mit Holzasche, Sägemehl oder Gerstenspreu schützen. Lockmittel einsetzen, gefährdete Kulturen durch Schneckenzaun schützen (→ Seite 55).
Wühlmäuse. Sie sind empfindlich gegen Störungen jeder Art. Deshalb in die Wühlmausgänge Eisenstangen stecken und mehrmals am Tag dagegen schlagen. Es gibt auch elektrische Geräte, die man in die

Erde steckt und die Schallwellen aussenden, welche die Wühlmäuse vertreiben. Oft wird empfohlen, schlecht riechende Dinge (Knoblauch, Fischköpfe, Holunderblätter) in die Wühlmausgänge zu stopfen, doch die Wirkung ist minimal. Im Notfall helfen Fallen.

Erntezeit im Gemüsegarten

Von den ersten Radieschen bis zum letzten Grünkohl: Im Gemüsegarten ist Erntezeit vom Frühjahr bis zum späten Herbst. Wenn der Erntesegen gegen Ende des Sommers so üppig wird, daß Sie nicht mehr alles frisch verbrauchen können, sollten Sie sich einen Wintervorrat zulegen.

Möhren.

Vom späten Frühjahr an kann man im Gemüsegarten laufend ernten. Unerfahrene Gärtner stellen sich dabei oft die Frage: Wann ist das Gemüse eigentlich »reif«? Dabei sollten Sie wissen, daß der günstigste Erntezeitpunkt nichts mit der biologischen Reife der Pflanzen zu tun hat. Im biologischen Sinne sind Pflanzen nämlich erst nach der Ausbildung ihrer Samen wirklich reif. Würden wir aber nur diese Pflanzen ernten, hätten wir meist nichts mehr davon: Weil dann alle Kraft in die Samen geht, werden Blätter, Stengel und Wurzeln zäh, holzig und ungenießbar. Wir ernten also im Grunde – außer bei Fruchtgemüsen – »unreifes« Gemüse, und die Erfahrung zeigt, daß es schmeckt und bekömmlich ist. Bei Frühgemüsen ist das besonders deutlich: Die ersten Kohlrabi, die beim Vereinzeln herausgezogenen winzigen Möhren oder Roten Bete, die ersten Frühkartoffeln sind besondere Delikatessen, gerade weil sie sehr jung und zart sind.

Ernten – einmal oder öfter?

Bei vielen Gemüsearten ist es notwendig, öfter und in kurzen Abständen zu ernten. Dadurch steigert sich der Ertrag bis aufs Doppelte, wie zum Beispiel bei Bohnen, Gurken und Grünkohl.
Bei anderen muß sozusagen »auf den Punkt« geerntet werden, damit sie optimal entwickelt sind (zum Beispiel Blumenkohl, Brokkoli, Spargel).
Wieder andere wie Salat, Radieschen und Möhren werden laufend geerntet, damit ihre Nachbarn mehr Platz zum Wachsen haben.

Ernten – wann und wie?

Je nach Gemüseart sind Zeitpunkt und Art der Ernte ganz verschieden. Für die wichtigsten Gemüsearten finden Sie hier wichtige und nützliche Erntetips.
Fruchtgemüse: Tomaten werden geerntet, wenn die Früchte kräftig rot oder gelb sind. Paprika können auch grün geerntet werden, sie sind dann noch unreif, aber genießbar. Schneiden Sie sie mit einem Messer oder einer Schere ab, damit die Pflanzen nicht beschädigt werden. Tomaten können Sie auch vorsichtig abdrehen. Zucchini und Gurken mindestens zweimal in der Woche kontrollieren, Früchte, die die gewünschte Größe erreicht haben, abschneiden. Auberginen laufend ernten, sobald die Früchte dunkelviolett und etwa 15 bis 25 cm lang sind. Zuckermais ist erntereif, wenn die Maisfäden bräunlich werden.
Hülsenfrüchte: Alle Hülsenfrüchte mindestens jede Woche einmal durchpflücken. Pflücken Sie Erbsen und Buschbohnen mit zwei Händen, damit die Pflanzen nicht aus dem Boden gezogen werden. Ernten Sie Zuckererbsen, wenn die Schoten noch sehr flach sind. Palerbsen ebenfalls jung ernten, sie werden im Alter mehlig. Buschbohnen werden geerntet, wenn man die Kerne außen noch nicht sieht. Stangen- und Feuerbohnen sollen noch klein und zart sein. Bei Puffbohnen müssen die Kerne noch hell sein.
Salat: Salate werden mit einem scharfen Messer abgeschnitten. Pflücksalat, Schnittsalat und Feldsalat laufend ernten. Bei Kopfsalat, Endivien und Eissalat regelmäßig die großen Köpfe herausnehmen. Chicorée im Herbst auf einmal ernten.
Blattgemüse: Bei Stielmangold die Blätter von außen nach innen abbrechen. Spinat rechtzeitig vor dem »Schießen« abschneiden. Neuseeländer Spinat jede Woche durchpflücken.
Kohl: Kopfkohl aus dem Beet ziehen, Strunk abschneiden. Frühkohl nach Bedarf ernten, Winterkohl, wenn die Köpfe fest und groß sind. Kohlrabi bei einem Gewicht von etwa 80 bis 100 g (Tennisballgröße) ernten. Bei Brokkoli die Mittelblüte abschneiden, solange sie noch fest und dunkelgrün ist (geht sehr schnell in Blüte), danach die Seitentriebe. Blumenkohl alle 2 Tage kontrollieren,

denn die Blume darf nicht auswachsen. Bei Rosenkohl von unten beginnend die großen Röschen ernten. Bei Grünkohl zuerst die unteren Blätter abernten, zum Schluß das Herz.

Zwiebeln/Lauch: Zwiebeln, Knoblauch und Schalotten komplett aus dem Beet nehmen, wenn das Laub vergilbt und abgestorben ist. Lauch laufend ernten, wenn die Schäfte dick genug sind. In milden Wintern kann Winterlauch draußen bleiben.

Rettich: Sommerrettich und Radieschen laufend ernten, Winterrettich Ende Oktober.

Wurzeln und Knollen: Wurzelgemüse kann man nur aus leichten Böden einfach herausziehen. Besser ist es, mit einer Grabegabel die Wurzeln mitsamt der Erde herauszuheben. So werden sie nicht beschädigt. Kartoffeln werden geerntet, wenn das Laub gelb wird. Möhren laufend ernten, Wintermöhren vor dem ersten Frost. Rote Bete werden Mitte Oktober aus dem Beet genommen, Sellerie vor dem ersten Frost, Schwarzwurzeln den ganzen Winter hindurch. Meerrettich kann bis November ausgegraben werden. Fenchel wird laufend geerntet, sobald die Knollen die gewünschte Größe haben.

Rhabarber: Bis Ende Juni laufend die dicken Stengel herausdrehen.

Spargel: Bleichspargel täglich durchernten, Grünspargel alle 2 Tage.

Cardy: Nach dem Bleichen Pflanze abschneiden.

Artischocken: Ab Juni laufend die Knospen schneiden.

Zwiebeln an einem luftigen Platz zum Trocknen aufhängen.

In Sand gelegt halten Möhren fast den ganzen Winter über.

Die richtige Tageszeit zum Ernten

Gemüse, das man noch am selben Tag in der Küche verwenden will, erntet man am besten kurz vor der Zubereitung. So ist es frisch und vitaminreich. Gemüse, das man einfrieren oder einwecken möchte, wird früh am Tag geerntet. Lagergemüse dagegen sollten Sie bei trockenem Wetter mittags oder nachmittags ernten. Dann ist es trocken und fault bei der Lagerung nicht.

Nitratgehalte reduzieren

Nitrat wird in jeder Pflanze gespeichert. Es ist eine chemische Verbindung aus Stickstoff und Sauerstoff. Die Pflanze braucht es zum Aufbau von Pflanzeneiweiß. Beim Verzehr wird Nitrat zu Nitrit und unter bestimmten Umständen zu Nitrosaminen umgewandelt. In großen Mengen sind beide Stoffe gesundheitsschädlich, vor allem für Säuglinge und Kleinkinder.

Die einzelnen Gemüsearten sind von Natur aus unterschiedlich mit Nitrat belastet.

Viel Nitrat enthalten Spinat, Kopfsalat, Feldsalat, Rote Bete, Rettich und Radieschen, Fenchel, Kohlrabi, Mangold, Rhabarber.

Mittleren Nitratgehalt haben Chinakohl, Endivie, Sellerie, Weißkohl, Wirsing, Zucchini.

Wenig Nitrat enthalten Auberginen, Bohnen, Blumenkohl, Brokkoli, Chicorée, Erbsen, Gurken, Kartoffeln, Möhren, Paprika, Lauch, Rosenkohl, Rotkohl, Schwarzwurzeln, Spargel, Tomaten, Zwiebeln.

Wichtig für den Biogärtner:

Nitratüberschuß läßt sich vermeiden, wenn Sie ausgewogen düngen und die Pflanzen nicht mit zuviel Stickstoff versorgen. Darüber hinaus können Sie durch spezielle Tricks die vorhandenen Nitratgehalte reduzieren:

● Nitrat wird bei Sonnenschein zum Aufbau von Eiweiß verwendet, wird also verbraucht statt gespeichert. Nehmen Sie deshalb mindestens 4 Wochen vor der Ernte Folie oder Vlies ab.

● Ernten Sie stark nitratspeicherndes Gemüse am Abend, dann ist ein Teil bereits während des Tages abgebaut worden.

● Bei Wurzelgemüse lockern Sie am frühen Morgen den Boden so, daß die Wurzeln abreißen, und nehmen es am Abend aus dem Boden. Das gespeicherte Nitrat wird tagsüber verarbeitet, ohne daß neuer Stickstoff nachgeliefert wird, die Gehalte sind also abends reduziert.

Gemüse einlagern

Im Winter möchte man natürlich die Früchte der sommerlichen Gartenarbeit genießen. Die geernteten Gemüsepflanzen sollen so schmackhaft, frisch und vitaminhaltig wie irgend möglich bleiben. Dafür gibt es verschiedene Möglichkeiten.

Ein kühler, frostfreier Keller ist für die Lagerung vieler Gemüsearten ideal. Ausreichende Belüftung und hohe Luftfeuchtigkeit sind aber nur in Kellern mit Naturboden gegeben. Viele Hausbesitzer bauen heute in ihre Neubauten wenigstens einen »Erdkeller«, denn hier lagert die Ernte viele Monate ohne Wertverlust.

Auch in einem betonierten Keller können Sie Gemüse einlagern, vorausgesetzt, daß er kühl und gut belüftet ist. Beachten Sie dabei:

● Möhren, Rote Bete, Meerrettich und Winterrettich in Sand einlegen.

Dafür werden die Blätter etwa 2 cm über der Wurzel abgeschnitten.

● Kartoffeln in Kisten lagern.

● Endivien in Papier einwickeln und in Kistchen legen.

● Kohlköpfe am Strunk aufhängen.

Die Miete im Garten ist eine gute Alternative zum Keller. Sie eignet sich vor allem für Wurzelgemüse, aber auch für Sellerie und Kohlköpfe. Heben Sie dafür eine etwa 30 bis 40 cm tiefe Grube aus, die Sie mit Kükendraht auslegen, damit sich nicht die Mäuse über die Ernte hermachen. Legen Sie das Gemüse auf eine dünne Schicht Stroh und decken Sie es dick mit Stroh ab. Bringen Sie über einer Seite der Grube ein Brett an, das zum Öffnen abgenommen werden kann. Über der Miete schichten Sie Erde auf, so daß ein Hügel entsteht, den man gut festklopft.

Eine andere Lösung: Graben Sie die Trommel einer ausgedienten Waschmaschine in die Erde ein. Sie dient als »Erdkeller« und wird mit einer dicken Schicht Stroh bedeckt.

Der Einschlag, zum Beispiel im Frühbeet, ist überall dort möglich, wo die Winter nicht zu streng sind. Die Pflanzen, wie zum Beispiel Lauch und Endivien, werden mit den Wurzeln aus der Erde genommen, dicht an dicht in eine Grube im Frühbeet gestellt und anschließend bis etwa zur Hälfte mit Erde und Laub bedeckt. Eine Noppenfolie oder ein Jutesack schützen vor strengen Frösten.

Aufbewahrung im Haus in warmen, trockenen Räumen ist nur kurzfristig möglich, zum Beispiel bei Tomaten zum Nachreifen. Sie sollten dunkel, aber warm stehen, dann werden sie schnell reif. An einem kühlen, trockenen Platz (zum Beispiel in einem frostfreien Speicher) lassen sich Zwiebeln, Schalotten und Knoblauch aufbewahren. Sie werden locker in Körbe gelegt, besser noch zu Zöpfen geflochten.

Gemüse konservieren

Für Gemüse, das sich nicht lagern läßt, gibt es verschiedene Möglichkeiten der Konservierung.

Beim Einfrieren werden die wertvollen Inhaltsstoffe zum großen Teil erhalten. Nicht zum Einfrieren geeignet sind Gurken, Kartoffeln, Fenchel, Rettich, Salate und Zwiebeln. Tomaten und Paprika kann man zu Mus verarbeiten und einfrieren. Zucchini, Auberginen und Paprika friert man am besten als fertig gekochte Gerichte ein.

Das Einkochen ist etwas aus der Mode gekommen, weil es sehr arbeitsaufwendig ist. Aber auch, weil durch das lange Erhitzen auf hohe Temperaturen viele Vitamine verloren gehen. Einen Teil der Ernte in Gläsern zu konservieren, kann sich für Leute, die zum Kochen nicht viel Zeit haben, lohnen. Denn aus dem Glas ist das Gemüse praktisch tischfertig.

Das Einsalzen oder Einlegen in Essig war früher die am meisten praktizierte Methode, Gemüse mit allen Inhaltsstoffen über den Winter zu retten. Heute greift man oft wieder darauf zurück. Im Handel sind praktische Gärtöpfe erhältlich, in denen man problemlos Sauerkraut, Salzbohnen, Gurken und Mixed-Pickles einlegen kann.

Beim Trocknen werden ebenfalls die Inhalts- und Geschmacksstoffe der Gemüsepflanzen erhalten – vorausgesetzt, man trocknet richtig, nämlich langsam und bei milder Hitze. Trocknen können Sie zum Beispiel Bohnen, Tomaten in Scheiben, Sellerieknollen und Möhren in Streifen. Die getrockneten Gemüse werden in Schraubgläsern aufbewahrt.

Gesundes Gemüse – selbst gezogen

Von leuchtend roten, fruchtigen Tomaten bis zu deftigem Kohl, von scharfen Zwiebeln bis zu milden Schwarzwurzeln: Gemüse frisch aus dem Garten ist ein gesunder Genuß, reich an Mineralstoffen und Vitaminen. Dabei ist es auch für Anfänger leicht selber zu ziehen. Unsere Pflegeanleitungen geben Ihnen Tips und Hinweise, wie es gemacht wird.

Roter Mangold.

Erläuterung der Stichwörter
Auf den folgenden Seiten finden Sie detaillierte Pflegeanleitungen mit Informationen über:
Name: Gebräuchliche deutsche Namen und der botanische Name.
Familie: Zu jeder Art wird die Pflanzenfamilie genannt. Darauf sollten Sie bei der Anbauplanung achten. Pflanzen aus derselben Familie dürfen nicht nacheinander auf einem Beet angepflanzt werden.
Zur Pflanze: Wie die Pflanze aussieht und welche verschiedenen Formen im Handel sind. Sorten werden nicht genannt, da sie schnell wechseln.
Kulturzeit: Wie lange eine Gemüseart das Beet belegt. Bei Arten, die direkt ins Freiland gesät werden, gilt dieser Zeitraum ab Aussaat, bei allen übrigen ab Pflanzung.
Kulturfolge: Hier werden günstige Vor- und Nachkulturen aufgezählt.
Mischkultur: Die Autorin nennt bewährte Pflanzkombinationen aus ihrer eigenen Erfahrung. Eine Übersicht über gute und schlechte Nachbarn der wichtigsten Gemüsearten gibt Ihnen die Tabelle auf Seite 23.

Boden: Ansprüche der Art an den Boden und Hinweise zur Düngung.
Saat/Pflanzung: Die günstigsten Zeiten für Aussaat und Pflanzung, Saat-, Reihen- und Pflanzabstände sowie im Einzelfall, auf was Sie beim Säen und Pflanzen achten müssen.
Pflege: Wann und wie oft Sie die Pflanzen düngen und gießen müssen. Weitere Pflegemaßnahmen werden kurz erläutert.
Pflanzenschutz: Genaue Angaben, wie und gegen was Sie vorbeugen sollten, aber auch, was zu tun ist, wenn Schädlinge und Krankheiten sich eingefunden haben.
Ernte: Der Erntezeitpunkt, die Erntemethoden und Möglichkeiten der Lagerung und Konservierung.
Mein Tip: Ratschläge und Tips aus der persönlichen Erfahrung der Autorin.

Erntefreuden.
Den ganzen Sommer über können Sie im Garten ernten. Frisch vom Beet auf den Tisch schmeckt Gemüse am besten.

Bunte Vielfalt

Fruchtgemüse

Früchte in leuchtenden Farben sind ein wahrer Augenschmaus. Aber auch geschmacklich haben sie einiges zu bieten. Und ständig entwickeln die Züchter Sorten in neuen Farben, Formen und Geschmacksrichtungen.

Gelbe Fleischtomaten.

Früchte sind nichts anderes als Hüllen für die Samen der Pflanzen. Manche, wie Tomaten und Auberginen, müssen vollständig reif sein, damit sie genießbar sind. Andere schmecken am besten, wenn sie noch jung und zart sind, wie zum Beispiel Zucchini und Zuckermais. Aber alle Fruchtgemüse in unseren Gärten haben eines gemeinsam: Sie sind Kinder des Südens, die zum Reifen den ganzen Sommer über viel Wärme und Sonne brauchen. Weil sie sehr frostempfindlich sind, kann man sie meist erst ab Mitte Mai ins Freiland säen oder pflanzen. In kühlen Landstrichen lassen sich Tomaten, Paprika, Auberginen und Gurken nur unter Glas erfolgreich anbauen. Wichtig ist auch eine ausreichende Nährstoffversorgung, denn Fruchtgemüse sind Starkzehrer.

Fruchtgemüse enthalten reichlich Vitamine und Mineralstoffe, außerdem Zucker – auch wenn sie nicht süß schmecken. Und trotzdem sind sie ausgesprochen kalorienarm. Genau das Richtige für die gesunde, leichte Küche.

Tomate

Lycopersicon lycopersicum

Familie: *Solanaceae*, Nachtschattengewächse.
Zur Pflanze: Starkzehrer. Bis zu 1,80 m hohe, kräftige, verzweigte Pflanze mit roten oder gelben Früchten, meist zu mehreren an einer Rispe.
Viele Sorten: runde rote und gelbe Tomaten, große rote Fleischtomaten, Buschtomaten mit niedrigerem Wuchs, Kirschtomaten mit kleinen Früchten, ovale Romatomaten mit viel Fruchtfleisch, birnenförmige gelbe Peretti-Tomaten.
Kulturzeit: 5 Monate ab Pflanzung.

Kulturfolge: Keine.
Mischkultur: Randbepflanzung mit Salat, Sellerie, Kohlrabi, Lauch, Petersilie.
Boden: Tiefgründig gelockert, warm, sehr nährstoffreich. Im Herbst verrotteten Stallmist einarbeiten.
Saat/Pflanzung: Ab März Aussaat im Glashaus oder am Fenster bei 16 bis 20°C. Sämlinge in Einzeltöpfe pikieren. Pflanzung ab Mitte Mai ins Freiland, Abstand 70 cm. Verrotteten Stallmist oder reichlich Kompost ins Pflanzloch geben. Stützpfahl einschlagen. Setzling 10 cm tiefer setzen als im Topf (→ Zeichnung, Seite 33), untere Blätter entfernen.

Pflege: Laufend Achseltriebe ausbrechen (»entgeizen«), höchstens zwei Haupttriebe belassen. Im Freiland nur etwa 5 bis 6 Blütentrauben pro Pflanze stehen lassen, mehr kommen in der Regel nicht zur Reife. Die Pflanzen ihrem Wachstum entsprechend bei Bedarf anbinden. Regelmäßig und reichlich am Fuß gießen, Blätter dabei nicht benetzen. Mulchen. Alle 4 Wochen mit Brennnessel- oder Beinwelljauche düngen, bei schlechtem Wachstum zusätzlich Jauche aus organischen Düngern, Hühner- oder Schweinemist geben.

Pflanzenschutz: Nicht zu eng pflanzen. Gegen Kraut- und Braunfäule nach dem Pflanzen vorbeugend mit Schachtelhalmbrühe oder biologischen Pilzvorbeugungsmitteln spritzen. Gegen Spinnmilben und Weiße Fliege mit Rainfarn- oder Wermuttee spritzen. Im Gewächshaus gegen diese Schädlinge Raubmilben und Schlupfwespen aussetzen.

Ernte: Ab Ende Juli laufend die roten Früchte abnehmen. Vor dem ersten Frost grüne Früchte pflücken und dunkel und warm nachreifen lassen.

Mein Tip: Tomaten in rauhen Gegenden in Kübeln auf dem Balkon oder unter einem kunststoffbespannten Holzgerüst an einem sonnigen Platz ziehen. Gerüst zur Durchlüftung seitlich offen lassen.

Warnung: Auch für grüne Tomaten gibt es einige Rezepte. Verwenden Sie dafür aber nur Früchte, die mindestens walnußgroß sind. Kleinere enthalten große Mengen des gesundheitsschädlichen *Solanins*.

Tomaten brauchen viel Wärme und Sonne.

Zucchini – ein beliebtes Sommergemüse.

Der Riesenkürbis braucht viel Platz.

Zucchini
Cucurbita pepo

Familie: *Cucurbitaceae*, Kürbisgewächse.
Zur Pflanze: Starkzehrer. Großblättrig, mit großen gelben Blüten und gurkenartigen, bis zu 5 kg schweren grünen, gelben oder gestreiften Früchten.
Kulturzeit: 5 bis 6 Monate ab Aussaat.
Kulturfolge: Keine.
Mischkultur: Keine.
Boden: Sehr nährstoffreich, Hügelbeet oder Kompostplatz günstig.
Saat/Pflanzung: Ab April unter Glas in Töpfen vorziehen, Mitte Mai ins Freiland. Pro Pflanze 1 qm. Rankende Sorten am Spalier.

Pflege: Reichlich gießen, vor allem auf Hügel- und Hochbeet.
Pflanzenschutz: Jungpflanzen und Früchte vor Schnecken schützen. Früchte nicht direkt auf dem Boden aufliegen lassen, sie faulen.
Ernte: Ab 4 Wochen nach dem Auspflanzen, bis Oktober. Früchte bis 20 cm Länge schmecken nußartig, zu große Früchte werden fade.
Mein Tip: Keine Sorge, wenn sich an Ihren Pflanzen eine Zeitlang Blüten, aber keine Früchte bilden. Zucchini tragen nämlich männliche und weibliche Blüten, doch nur die weiblichen fruchten.

Kürbis
Cucurbita maxima

Familie: *Cucurbitaceae*, Kürbisgewächse.
Zur Pflanze: Starkzehrer. An meterlangen verzweigten Trieben große Blätter, gelbe Blüten und bis zu 50 kg schwere Früchte. Sorten: Gelber und grüner Riesenkürbis, Gartenmelone.
Kulturzeit: 5 bis 7 Monate ab Aussaat.
Kulturfolge: Keine.
Mischkultur: Keine.
Boden: Sehr nährstoffreich. Mit Stallmist oder viel Kompost versorgen.
Saat/Pflanzung: Ab Anfang April einzelne Samen in Töpfe säen, ab Mitte Mai auch direkt ins Freiland. Abstand 2 m. Kompost ins Pflanzloch geben.
Pflege: Reichlich gießen (direkt an den Fuß der Pflanze). Bei anhaltender Trockenheit Blätter beregnen. Zur Zeit der Fruchtbildung mit Pflanzenjauchen oder Brühe aus Mist oder organischem Dünger versorgen. Reifende Früchte mit Brettchen unterlegen.
Pflanzenschutz: Nicht nötig.
Ernte: Ab 4 Monate nach dem Auspflanzen. Früchte sind reif, wenn sie beim Anklopfen hohl klingen.
Mein Tip: Kürbisse kann man auch an einem stabilen Spalier ziehen. Dann Triebe nach drei Blüten einkürzen.

»Schlangengurken« für Salat.

Einlegegurken werden etwa 15 cm lang.

Gurke
Cucumis sativus

Familie: *Cucurbitaceae,* Kürbisgewächse.
Zur Pflanze: Starkzehrer. Schnellwachsende Pflanze mit langen kriechenden (Einlegegurken) oder rankenden (Salatgurken) Trieben, gelben Blüten und grünen, länglichen Früchten. Salatgurken für Freiland und Glashausanbau (Treibgurken) werden bis zu 40 cm lang, besondere Sorten erreichen 80 cm Länge. Einlegegurken sind etwa 15 cm lang mit warziger Schale, Schälgurken werden etwa 20 bis 25 cm lang und sind etwas dicker mit härterer Schale.

Kulturzeit: 5 bis 6 Monate ab Aussaat.
Kulturfolge: Keine. Im folgenden Jahr auf ein anderes Beet setzen.
Mischkultur: Mit Dill. Randbepflanzung mit Sellerie, Lauch, Rote Bete, Salat, Kohl.
Boden: Nährstoffreich und warm. Im Herbst mit Kompost, Stallmist oder Gründüngung vorbereiten.
Saat/Pflanzung: Im April Aussaat unter Glas oder am Fenster in Einzeltöpfe, ab Mitte Mai auch direkt ins Freiland. Vor der Pflanzung einen Graben ziehen, mit Pferdemist auffüllen und mit Erde abdecken (»Fußbodenheizung«). Gurken auf diesen Hügel

pflanzen. Schwarze Mulchfolie erhöht den Wärmeeffekt und hält den Boden feucht. Pflanzabstände 50 cm.
Pflege: Regelmäßig und reichlich gießen. Trockenheit bewirkt Wachstumsstop. Im Glashaus für feuchte Luft sorgen. Mulchen. Kletternde Sorten an Schnüren oder Spalier aufleiten. Triebe nach dem fünften Blatt einmal entspitzen, damit sich die Pflanze verzweigt und mehr Früchte bringt.
Pflanzenschutz: Mehltauresistente Sorten wählen. Mit Schachtelhalmtee vorbeugend von der Aussaat bis zum Fruchtansatz mehrmals spritzen. Gegen Spinnmilben und Weiße

Fliege Rainfarn- oder Wermuttee spritzen, im Notfall Pyrethrumpräparat einsetzen.
Ernte: Ab Juli bis September. Gurken sollten nicht gelb werden.
Vorsicht: Beim Ernten keine Ranken abreißen.
Mein Tip: Achten Sie beim Kauf der Samen auf Sorten ohne Bitterstoffe. Andere können unter ungünstigen Bedingungen – kaltes Gießwasser, heißes, trockenes Wetter – bitter werden.

Bei Paprika gibt es rote und gelbe Sorten.

Auberginen am besten im Kübel ziehen.

Paprika
Capsicum annuum

Familie: Solanaceae, Nachtschattengewächse.
Zur Pflanze: Starkzehrer. Bis 80 cm hoher Busch mit dunkelgrünen Blättern, kleinen weißen Blüten und je nach Sorte roten, grünen oder gelben Früchten von mildem Geschmack.
Kulturzeit: 5 Monate ab Pflanzung.
Kulturfolge: Vorfrucht: früher Spinat, Radieschen. Nachkultur: Feldsalat, Winterspinat.
Mischkultur: Keine.
Boden: Wie bei Tomaten (→ Seite 66).
Saat/Pflanzung: Ab März Anzucht aus Samen (nur im warmen Gewächshaus).

Setzlinge ab Mitte Mai an den sonnigsten Platz im Garten pflanzen, Abstand 40 cm. Pflanzloch mit Kompost versorgen. Tief pflanzen (→ Zeichnung, Seite 33).
Pflege: Anhäufeln, reichlich gießen.
Pflanzenschutz: Vor Schneckenfraß schützen (→ Seite 59). Gegen Blattläuse mit Seifenwasser spritzen.
Ernte: Ab Juli die grünen Früchte. Ausgereifte rote oder gelbe Früchte haben einen höheren Vitamin-C-Gehalt.
Mein Tip: In kühlen Gegenden im Gewächshaus ziehen oder in großen Kübeln an einem warmen Platz aufstellen.

Aubergine
Solanum melongena

Familie: Solanaceae, Nachtschattengewächse.
Zur Pflanze: Mittelzehrer. Buschige Pflanze, bis 1 m hoch, mit samtig behaarten Blättern und dunkelvioletten, bis 20 cm langen Früchten. Mittelfrühe und späte Sorten.
Kulturzeit: 5 Monate ab Pflanzung.
Kulturfolge: Vorkultur: Schnittsalat, Kohlrabi, Radieschen. Nachkultur: Winterkohl.
Mischkultur: Keine.
Boden: Warm, humos. Im Herbst mit Kompost versorgen.
Saat/Pflanzung: Aussaat Mitte März bei 20°C,

Setzlinge ab Ende Mai ins Freiland pflanzen, am besten in große Kübel an einem warmen Platz.
Pflege: Zwei Wochen nach dem Pflanzen mit organischem Dünger nachdüngen. Regelmäßig gießen. Jeder Pflanze nur 5 bis 6 Blüten belassen, die übrigen auskneifen. Achseltriebe ausbrechen. An Haltestäbe anbinden.
Pflanzenschutz: Vor Schneckenfraß schützen (→ Seite 59). Läuse mit Seifenlösung vertreiben. Kartoffelkäfer absammeln.
Ernte: Ab 3 Monate nach Pflanzung. Nur dunkelviolette Früchte ernten.
Mein Tip: Auberginen nur in milden Gegenden im Freien ziehen.

Zuckermais

Zea mays var. saccharata

Familie: *Gramineae,* Gräser.
Zur Pflanze: Starkzehrer. Bis zu 2 m hohe, aufrechte Pflanzen, die ein bis zwei Maiskolben bilden. Es gibt weiß- und gelbkörnige Sorten. Typisch ist der hohe Zuckergehalt.
Kulturzeit: 5 Monate ab Aussaat.
Kulturfolge: Vorkultur: Frühspinat. Nachkultur: Feldsalat. Nach Mais keine Zwiebeln und Rettiche anpflanzen.
Mischkultur: Randbepflanzung mit Kartoffeln, Bohnen, Tomaten.
Boden: Nährstoffreicher, lockerer Boden.
Saat/Pflanzung: Aussaat Anfang Mai direkt ins Freiland, Abstand 30 bis 50 cm. Saat mit Folie schützen. Dadurch wachsen die Pflanzen schneller heran und bilden kräftigere Kolben. Ab April Vorkultur in Töpfen unter Glas (Auspflanzung ab Ende April) für besonders frühe Ernten.
Pflege: Unkrautfrei halten. Regelmäßig gießen, bei starker Trockenheit beregnen. Mulchen. Mit Jauchen aus Brennesseln und Comfrey oder organischem Dünger zweimal im Abstand von 6 Wochen nachdüngen.
Pflanzenschutz: Gegen Pilzkrankheiten mit Schachtelhalmtee vorbeugend alle 6 Wochen spritzen.
Ernte: Im August, wenn die Kolben milchreif sind. Die Haarbüschel verfärben sich dann an den Spitzen braun.
Mein Tip: Mais muß bestäubt werden, um Kolben zu bilden. Bei Anbau von mindestens 2 Reihen ist Windbestäubung garantiert.

Zuckermais kann ein guter Windschutz für den Garten sein.

Blaue Bohnen werden beim Kochen grün.

Nahrhaft und eiweißreich

Hülsenfrüchte

Bohnen und Erbsen zählen schon seit Jahrtausenden zu den wichtigsten Nahrungsmitteln des Menschen, denn sie enthalten viel Eiweiß und Stärke. Sie sind aber nicht nur nahrhaft und gesund, sie nützen auch dem Boden.

Hülsenfrüchte gehören zu den Leguminosen und haben eine erstaunliche Fähigkeit: Mit Hilfe von Bakterien sammeln sie Stickstoff aus der Luft und lagern ihn in kleinen Knöllchen an den Wurzeln ab. Einen Teil davon verwendet die Pflanze für den Aufbau von Eiweiß, das in den Samen gespeichert wird. Der Rest kommt dem Boden zugute – eine natürliche Art der Düngung, die Sie nutzen können, indem Sie die Wurzeln der Pflanzen beim Abräumen der Beete im Boden lassen. Hülsenfrüchte brauchen wegen dieser Eigenschaft keine zusätzliche Stickstoffdüngung – sie sind Schwachzehrer. Hülsenfrüchte sind wegen ihres hohen Gehalts an pflanzlichem Eiweiß sehr nahrhaft. Außerdem enthalten sie Fett, Stärke, Vitamine und Spurenelemente. Theoretisch könnten Sie sich ausschließlich von Hülsenfrüchten ernähren – wenigstens eine Zeitlang. Je nach Art und Sorte werden die Kerne mit oder ohne Hülsen verzehrt.
Warnung: Rohe Bohnen enthalten einen Giftstoff, der nur durch Kochen abgebaut wird.

Stangenbohne
Phaseolus vulgaris var. *vulgaris*

Familie: *Leguminosae*, Schmetterlingsblütler.
Zur Pflanze: Schwachzehrer. Bis zu 3 m hohe, rankende Pflanzen mit grünen, blauen, gelben oder rotmarmorierten Schoten mit Kernen.
Kulturzeit: 5 Monate ab Aussaat.
Kulturfolge: Nachkultur: Spinat, Feldsalat.
Mischkultur: Randbepflanzung mit Gurken, Endivien, Kopfsalat, Kohl.
Boden: Locker, warm. 3 Wochen vor der Aussaat mit Knochenmehl oder Kompost und Holzasche versorgen.

Saat/Pflanzung: Stangen als Kletterhilfe aufstellen (→ Seite 19). Ab Mitte Mai jeweils 6 bis 8 Körner 3 cm tief rund um jede einzelne Stange legen.
Pflege: Regelmäßig gießen. Sobald die Pflanzen 15 cm hoch sind, leicht anhäufeln.
Pflanzenschutz: Krankheitsresistente Sorten wählen. Gegen die Schwarze Bohnenlaus Bohnenkraut zwischenpflanzen.
Ernte: Ab 10 Wochen nach Aussaat. Laufend die jungen Bohnen pflücken.
Warnung: Rohe Bohnen enthalten einen Giftstoff, der erst beim Kochen abgebaut wird.

Feuerbohnen blühen ausgesprochen dekorativ.

Puffbohnen werden früh im Jahr gesät.

Feuerbohne
Phaseolus coccineus

Familie: *Leguminosae,* Schmetterlingsblütler.
Zur Pflanze: Schwachzehrer. Kräftige, rankende Pflanze mit dekorativen roten oder weißen Blüten und breiten, rauhen Schoten mit großen Kernen.
Kulturzeit: 5 Monate ab Aussaat.
Kulturfolge: Vorkultur: Pflücksalat, Radieschen (in warmen Gegenden).
Mischkultur: Randbepflanzung mit Kohlrabi, Brokkoli.
Boden: Nicht frisch gedüngt.
Saat/Pflanzung: Stangen als Kletterhilfe aufstellen (→ Seite 19). Aussaat im Mai. Rund um jede Stange 6 Körner 3 cm tief legen.
Pflege: Wie Stangenbohnen (→ Seite 72).
Pflanzenschutz: Vorbeugend gegen Rost alle 4 Wochen mit Schachtelhalmbrühe spritzen. Gegen Blattläuse Bohnenkraut unterpflanzen.
Ernte: Ab 3 Monate nach Aussaat. Zweimal pro Woche pflücken. alte Bohnen sind zäh und holzig.
Mein Tip: Feuerbohnen sind auch außerhalb des Gemüsegartens ein hübscher Sicht- und Windschutz.
Warnung: Rohe Bohnen enthalten einen Giftstoff, der erst beim Kochen abgebaut wird.

Puffbohne, Dicke Bohne
Vicia faba

Familie: *Leguminosae,* Schmetterlingsblütler.
Zur Pflanze: Mittelzehrer. Bis 1,2 m hoch, hellgrüne Blätter, weiße oder weißschwarz gefleckte Blüten, dicke grüne Schoten mit großen weißen Kernen.
Kulturzeit: 4 Monate ab Aussaat.
Kulturfolge: Nachkultur: Kohlsorten, Salat, Endivie.
Mischkultur: Spinat.
Boden: Gedeiht auch in schweren Böden. Beet im Herbst mit Kompost oder im Frühjahr mit organischem Dünger versorgen.
Saat/Pflanzung: Ab Anfang März in Reihen (Abstände 50 cm, 15 cm in der Reihe) oder in Horsten (je 3 Körner, 30 cm Abstand) 4 cm tief aussäen.
Pflege: Bei 15 cm Höhe anhäufeln, Unkraut entfernen. Bei Bedarf gießen.
Pflanzenschutz: Frühe Aussaaten werden weniger von der Schwarzen Bohnenlaus befallen.
Ernte: Ab 2 Monate nach der Aussaat, wenn die Naht noch hell gefärbt ist, die Schoten also noch nicht ganz reif sind.
Mein Tip: Dicke Bohnen sind ausgezeichnete Bodenverbesserer.
Warnung: Rohe Bohnen enthalten einen Giftstoff, der erst beim Kochen abgebaut wird.

Von der Buschbohne gibt es zahlreiche schmackhafte Sorten.

Buschbohne

Phaseolus vulgaris var. *nanus*

Familie: *Leguminosae*, Schmetterlingsblütler.

Zur Pflanze: Schwachzehrer. Niedriger, buschiger Strauch. Viele Sorten mit sehr dünnen oder breiteren, grünen, blauen (werden beim Kochen grün) oder gelben Schoten. »Gluckenbohnen«, bei denen die Früchte in Büscheln über den Blättern wachsen.

Kulturzeit: 4 Monate ab Aussaat.

Kulturfolge: Vorkultur: Frühkartoffeln, Salat, Kohlrabi. Nachkultur: Grünkohl, Kohlrabi, Chinakohl, Endivien.

Mischkultur: Kohl, Kohlrabi, Sellerie, Rote Bete, Salat.

Boden: Lockerer, warmer Boden. Im zeitigen Frühjahr mit Kompost versorgen.

Saat/Pflanzung: Erst wenn der Boden warm ist (frühestens Mitte Mai), Bohnenkerne 2 cm tief in Reihen (Abstand in der Reihe etwa 5 cm) oder Horsten (5 Kerne im Kreis, Abstand von Horst zu Horst 50 cm) auslegen. Bis zum Keimen Boden feucht halten. In rauhen Lagen mitwachsende Folie auflegen. In warmen Gegenden können nach der ersten Ernte Ende Juli nochmals Buschbohnen auf dasselbe Beet gesät werden.

Pflege: Unkrautfrei halten. Während der Blüte und zur Zeit der Fruchtbildung ausreichend wässern.

Pflanzenschutz: Resistente Sorten wählen; dadurch werden viele spezielle Bohnenkrankheiten vermieden. Läuse durch Mischkultur mit Bohnenkraut abhalten. Bei der Aussaat zum Schutz vor Bohnenfliege Insektenschutznetz auflegen; abnehmen, wenn die Jungpflanzen vier Blätter haben. Jungpflanzen vor Schneckenfraß schützen. Nicht bei nassem Wetter jäten oder ernten, das fördert Grauschimmelbildung.

Ernte: Ab 10 Wochen nach der Aussaat. Junge Bohnen schmecken besser und sind zarter. Wird laufend geerntet, ist die Ernte doppelt so groß, als wenn alle Bohnen auf einmal abgenommen werden.

Mein Tip: Bohnen sammeln an ihren Wurzeln Stickstoff in kleinen Knöllchen. Auch wenn viel von diesem wichtigen Nährstoff von der Pflanze verbraucht wird, bleibt doch genügend davon erhalten, um den Boden auf natürliche Weise zu düngen. Lassen Sie die Wurzeln deshalb nach der Ernte im Boden.

Warnung: Rohe Bohnen enthalten einen Giftstoff, der erst beim Kochen abgebaut wird.

Bei Mark- und Palerbsen erntet man die Kerne.

Bei Zuckererbsen ißt man die ganzen Schoten.

Mark- und Palerbse
Pisum sativum convar. *medullare*

Familie: *Leguminosae,* Schmetterlingsblütler.
Zur Pflanze: Schwachzehrer. Bis 60 cm hohe, rankende Pflanze mit hellgrünen Schoten. Junge Markerbsen haben glatte süße Körner, später werden sie ungenießbar. Palerbsen können auch getrocknet verwendet werden.
Kulturzeit: 3 Monate ab Aussaat.
Kulturfolge: Nachkultur: Winterkohl, Feldsalat, Spinat.
Mischkultur: Möhren, Kopfsalat, Kohl, Fenchel.
Boden: Nährstoffreich, kalkhaltig. Im Herbst mit Kalk versorgen, schwere Böden mit Sand verbessern.
Saat/Pflanzung: Ende April 3 cm tief in Reihen säen, Reihenabstand 30 bis 50 cm. Mit Reisig oder Maschendraht stützen (→ Zeichnung, Seite 19).
Pflege: Regelmäßig gießen. Bei etwa 15 cm Höhe anhäufeln.
Pflanzenschutz: Kaum nötig. Bei Auftreten von Schadinsekten Rainfarntee spritzen.
Ernte: Ab 10 Wochen nach der Aussaat.
Mein Tip: Stützen Sie auch solche Sorten, die als selbststützend angeboten werden. Die Ernte ist einfacher.

Zuckererbse
Pisum sativum convar. *axiphium*

Familie: *Leguminosae,* Schmetterlingsblütler.
Zur Pflanze: Schwachzehrer. Etwa 60 cm hohe, rankende Pflanze mit flachen, fleischigen, süßen Hülsen und kleinen Körnern. Es gibt auch Sorten mit dicken Körnern.
Kulturzeit: 3 Monate ab Aussaat.
Kulturfolge: Nachkultur: Winterkohl, Feldsalat, Spinat.
Mischkultur: Möhren, Fenchel.
Boden: Locker, durchlässig, keine Staunässe. Im Herbst kalken, im Frühjahr mit Kompost versorgen.
Saat/Pflanzung: Aussaat Mitte April ins Freiland, 3 cm tief, Reihenabstand etwa 30 cm. Mit Zweigen oder Maschendraht stützen (→ Seite 19).
Pflege: Bis zur Keimung Boden feucht halten. Später nur bei Trockenheit gießen. Bei etwa 15 cm Höhe anhäufeln.
Pflanzenschutz: Im Kleingarten kaum Krankheiten und Schädlinge.
Ernte: Ab 10 Wochen nach der Aussaat. Laufend pflücken, solange die Schoten jung sind. Ältere Schoten werden zäh.
Mein Tip: Verwenden Sie das trockene Erbsenstroh mit Wurzeln als Mulchmaterial unter Beerensträuchern.

Frisch und vitaminreich

Salate und Blattgemüse

Vom ersten zarten Pflücksalat bis zum winterbleichen Chicorée: Salat hat praktisch das ganze Jahr Saison. Den Sommer über wird diese Vielfalt noch ergänzt durch die vielen verschiedenen Blattgemüse-Arten.

Bei Salat denken wir meistens an Rohkost, bei Blattgemüsen an den Kochtopf. Doch manche Arten halten sich nicht an diese Aufteilung: Chicorée ist auch gekocht oder gedünstet eine Delikatesse, und Spinat schmeckt als Salat ganz ausgezeichnet.

Blattgemüse und Salate müssen jeweils ganz frisch geerntet werden. Planen Sie deshalb den Anbau so, daß Sie öfter ein paar Pflanzen setzen, statt alle auf einmal zu pflanzen. Wenn Sie früh im Jahr mit Pflücksalat beginnen, im Sommer Kopfsalat und Eissalat, Radicchio und Endivien anbauen, im Herbst Feldsalat säen und im Winter Chicorée im Keller bleichen, dann können Sie täglich eine bunte Schüssel Vitamine auf den Tisch bringen.

Abwechslung bringen Salate und Blattgemüse auch in den Garten: Sie sind die richtigen Partner für Mischkulturen, weil sie meist eine kurze Kulturdauer haben.

Endiviensalat sollte eng gepflanzt werden.

Endivie, Eskariol
Cichorium endivia

Familie: *Compositae,* Korbblütler.
Zur Pflanze: Mittelzehrer. Locker um ein Herz angeordnete glatte oder krause Blätter mit leicht bitterem Geschmack. Viele Sorten: glattblättrige, krausblättrige (Frisée), geschlitztblättrige.
Kulturzeit: 2 bis 3 Monate ab Pflanzung.
Kulturfolge: Vorkultur: Erbsen, Buschbohnen, Frühgemüse, frühe Möhren, Frühkartoffeln.
Mischkultur: Lauch, Kohl, Fenchel.
Boden: Nährstoffreich, kalkhaltig, feucht. Vor der Pflanzung mit Kompost oder organischem Dünger versorgen.
Saat/Pflanzung: Aussaat ab Juni bis Juli ins Freiland. Bis Ende August verpflanzen, Pflanzabstand 25 cm. Nicht zu tief pflanzen (→ Zeichnung, Seite 33).
Pflege: Bei Trockenheit an die Wurzeln gießen.
Pflanzenschutz: Jungpflanzen vor Schneckenfraß schützen. Nicht von oben gießen (Fäulnisgefahr)!
Ernte: Ab 8 Wochen nach der Pflanzung, je nach Sorte bis in den Winter.
Mein Tip: Binden Sie etwa 2 Wochen vor der Ernte die Köpfe bei trockenem Wetter mit einem Gummiband zusammen – sie werden dann innen gelb.

Kopfsalat ist ideal für Mischkulturen.

»Rote« Sorten schmecken herzhaft.

Kopfsalat

Lactuca sativa var. *capitata*

Familie: *Compositae*, Korbblütler.

Zur Pflanze: Mittelzehrer. Bildet lockere oder feste Köpfe mit grünen oder roten Blättern. Frühlings- und Sommersorten.

Kulturzeit: 3 Monate ab Pflanzung.

Kulturfolge: Typische Vorfrucht, vor allen anderen Gemüsearten.

Mischkultur: Günstig mit Radieschen, Kohlrabi, Spinat, Erdbeeren, Tomaten, Zwiebeln, Möhren, allen Kohlarten. Nie zu Petersilie!
Alle Kopfsalat-Sorten kann man in Lücken zwischen andere Kulturpflanzen setzen. Sie brauchen kein eigenes Beet. In Mischkultur Kopfsalat immer so pflanzen, daß er reichlich Sonne erhält. Im Halbschatten oder Schatten bilden sich keine Köpfe.

Boden: Krümelig, nicht zu stark mit Stickstoff gedüngt. Bodenvorbereitung mit Kompost genügt.

Saat/Pflanzung: Saatgut vor dem Säen einige Tage in den Kühlschrank legen. Aussaat möglich von Februar bis Juli. Frühe Sorten ab Februar im Glashaus aussäen, ab März im Frühbeet, ab April auch ins Freie. Auspflanzen ab Anfang April ins Frühbeet, unter Folientunnel oder mitwachsender Folie, ab Mai bis August direkt ins Freie. Pflanzabstand 25 cm. Sommersalate laufend aussäen und nach und nach auspflanzen, so hat man immer frische Ernte. Pillensaat und Saatbänder keimen gleichmäßiger. Jungpflanzen so setzen, daß das »Herz« nicht im Boden sitzt (→ Zeichnung, Seite 33). Nach dem Pflanzen umgefallene Setzlinge stehen nach wenigen Tagen wieder gerade.

Pflege: Unkrautfrei halten. Gegen Feuchtigkeitsverlust mulchen, bei Bedarf direkt an die Wurzel gießen. Zu Beginn der Kopfbildung mit Brennnessel- oder Beinwelljauche düngen.

Pflanzenschutz: Wurzellausresistente Sorten wählen. Nicht bei voller Sonne gießen (Fäulnisgefahr!). Vor Schneckenfraß schützen. Drahtwürmer mit Kartoffelscheiben ködern (→ Seite 55).

Ernte: Ab 8 Wochen nach dem Auspflanzen.

Mein Tip: Kopfsalat schützt seine Nachbarn vor Erdflöhen. Pflanzen Sie immer einige Köpfe zwischen besonders gefährdete Kulturen (vor allem Kreuzblütler). Kopfsalat kann wie Schnittsalat verwendet werden, wenn Sie ihn in Reihen aussäen und später nicht vereinzeln.

Eissalat kann riesige Köpfe bilden.

Roter Eichblattsalat zum Pflücken.

Eissalat, Krachsalat

Lactuca sativa var. *capitata*

Familie: *Compositae*, Korbblütler.
Zur Pflanze: Mittelzehrer. Bildet sehr feste, große Köpfe mit knackigen Blättern. Rote und grüne Sorten.
Kulturzeit: 2 bis 3 Monate ab Pflanzung.
Kulturfolge: Wie bei Kopfsalat (→ Seite 77).
Mischkultur: Wie bei Kopfsalat (→ Seite 77).
Boden: Nährstoffhaltiger, feuchter Lehmboden. Mit Kompost vordüngen.
Saat/Pflanzung: Von April bis Juni unter Glas oder im Frühbeet aussäen, ab Mitte Mai ins Freiland

pflanzen. Nicht zu tief setzen (→ Zeichnung, Seite 33). Pflanzabstand 35 cm.
Pflege: Alle 4 Wochen mit Brennesseljauche düngen. Mulchen. Nach der Kopfbildung nicht mehr stark gießen.
Pflanzenschutz: Jungpflanzen vor Schnecken schützen (→ Seite 59). Nicht auf die Köpfe gießen (Fäulnisgefahr)!
Ernte: Ab 9 Wochen nach dem Auspflanzen. Früh am Morgen ernten, dann halten sich die Köpfe im Kühlschrank mehrere Tage.
Mein Tip: Wenn Eissalat in Mischkultur steht, darauf achten, daß er viel Sonne hat, sonst »schießt« er schnell.

Schnittsalat, Pflücksalat

Lactuca sativa var. *crispa*

Familie: *Compositae*, Korbblütler.
Zur Pflanze: Mittelzehrer. Schnittsalat bildet locker stehende, glatte, krause oder gekerbte Blätter, Pflücksalat an bis zu 30 cm hohen Stengeln zarte grüne oder rote Blätter.
Kulturzeit: Je nach Sorte 7 bis 12 Wochen ab Aussaat.
Kulturfolge: Typische Vorkultur, vor allen anderen Gemüsepflanzen.
Mischkultur: Wie bei Kopfsalat (→ Seite 77).
Boden: Nährstoffreich, locker. Im Herbst mit Kompost vorbereiten.

Saat/Pflanzung: Aussaat ab Januar unter Glas, ab März in Frühbeete, ab April im Freiland in Reihen mit Abständen von 20 cm.
Pflege: Bei zu engem Stand ausdünnen. Regelmäßig wässern.
Pflanzenschutz: Vor Schneckenfraß schützen.
Ernte: Beginnt 5 bis 7 Wochen nach der Aussaat. Schnittsalat kann wiederholt geschnitten werden. Bei Pflücksalat äußere Blätter abkneifen, das Herz stehen lassen; die Pflanze wächst weiter.
Mein Tip: Schnittsalat und Pflücksalat sind nur für die Frühjahrskultur geeignet. Im Sommer ist die Schoßgefahr zu groß.

Feldsalat gedeiht im Herbst und Winter.

Löwenzahn – gezähmtes Wildkraut.

Feldsalat, Rapunzel
Valerianella locusta

Familie: *Valerianaceae,* Baldriangewächse.
Zur Pflanze: Mittelzehrer. Flache oder aufrechte Rosetten mit runden oder länglichen dunkelgrünen Blättern. Langtagpflanze, die im Sommer schoßt, deshalb Kultur nur im Herbst und Winter.
Kulturzeit: 4 bis 6 Monate ab Aussaat.
Kulturfolge: Typische Nachkultur, nach allen Gemüsepflanzen.
Mischkultur: Frühlingszwiebeln.
Boden: Alle Böden. Vor der Aussaat Boden lockern und mit etwas organischem Dünger versorgen.

Saat/Pflanzung: Ab August breitflächig oder in Reihen. Wo die Pflanzen zu eng stehen, etwas auslichten. Aussaat Ende September erlaubt Ernten bis in den März.
Pflege: Beet bis zum Keimen feucht halten. Unkraut entfernen. In kalten Wintern mit Reisig abdecken.
Pflanzenschutz: Mehltauresistente Sorten anbauen.
Ernte: Ab Oktober werden die Rosetten über dem Boden abgeschnitten.
Mein Tip: Zeitaufwendig, aber lohnend ist es, zu eng stehende Jungpflanzen in Abständen von 10 cm auf ein neues Beet zu verpflanzen. Die Rosetten werden dann sehr groß.

Löwenzahn
Taraxacum officinale

Familie: *Compositae,* Korbblütler.
Zur Pflanze: Mittelzehrer. Bildet Rosetten mit langen, gezähnten, leicht bitteren Blättern. Zuchtsorten werden größer als die Wildform.
Kulturzeit: Bleibt das ganze Jahr auf dem Beet.
Kulturfolge: Keine, da Dauerkultur.
Mischkultur: Keine.
Boden: Stickstoffreich, locker, lehmig.
Saat/Pflanzung: Ab März Aussaat ins Freiland in Reihen mit 25 cm Abstand. Nach dem Keimen auf 20 cm Abstand in der Reihe ausdünnen.

Pflege: Blütenknospen auskneifen.
Pflanzenschutz: Nicht notwendig.
Ernte: Die ersten zarten Blätter, solange die Rosette noch klein ist, dicht über dem Boden abschneiden. Bleichen verringert den Anteil an Bitterstoffen. Dafür im Oktober Blätter 2 cm über dem Boden abschneiden, Pflanzen mit schwarzer Folie oder großen Blumentöpfen abdecken. Ab Februar/März bilden sich zarte bleichgelbe Blätter.
Mein Tip: Sie können die Löwenzahnwurzeln auch ausgraben und wie Chicorée im Keller treiben. Dort bilden sich die Blätter früher.

'Palla Rossa', eine beliebte Radicchio-Sorte, bildet schöne Köpfe.

Radicchio

Cichorium intybus var. *foliosum*

Familie: *Compositae*, Korbblütler.

Zur Pflanze: Mittelzehrer. Bildet zunächst eine lockere Rosette aus braunroten länglichen, je nach Sorte auch runden Blättern. Es gibt Sorten für frühen und für Herbstanbau. Die frühen Sorten (zum Beispiel 'Palla Rossa') bilden feste Köpfe und können ohne weitere Behandlung geerntet werden. Die Sorten für den späten Anbau werden zurückgeschnitten und bilden dann aus dem Strunk kleine feste Köpfe aus roten Blättern mit weißen Adern.

Diese Sorten vertragen Frost bis −17°C.

Kulturzeit: Je nach Sorte 4 bis 7 Monate ab Aussaat.

Kulturfolge: Vorkultur vor frühen Sorten: Frühgemüse. Vor späten Sorten: Bohnen, Brokkoli. Nicht nach anderen Korbblütlern anbauen!

Mischkultur: Kohl, Rettich, Rote Bete, bei Winteranbau auch Frühlingszwiebeln.

Boden: Nährstoffhaltig, feucht, tiefgründig. Sandböden sind ungünstig. Bei Anbau als Nachfrucht nach dem Keimen mit Kompost düngen.

Saat/Pflanzung: Frühe Sorten Anfang Juni, späte Sorten Anfang August aussäen. Nach dem Kei-

men auf 15 bis 20 cm Abstand ausdünnen. Umpflanzen wegen der langen Pfahlwurzel schwierig.

Pflege: Unkrautfrei halten, hacken, reichlich gießen. Bei späten Sorten Mitte Oktober die Blätter bis auf 5 cm abschneiden, mit Reisig abdecken. Jetzt wachsen die festen Köpfe.

Pflanzenschutz: Nicht nötig.

Ernte: Frühe Sorten ab Mitte September, späte Sorten je nach Witterung im Winter bis Februar/März.

Mein Tip: Radicchio-Samen keimen sehr langsam. Es kann bis zu 3 Wochen dauern, bis die Saat aufgeht. Frühe Sorten benötigen außerdem rela-

tiv hohe Keimtemperaturen (22 bis 25°C). Deshalb frühe Sorten nach der Aussaat ins Freiland bei kühler Witterung mit Folie abdecken.

Hinweis: Zur selben Familie wie Radicchio gehört auch der Zuckerhutsalat, der längliche grüne Köpfe bildet. Er wird ähnlich wie Radicchio kultiviert. Um ein Schossen zu vermeiden, wird er erst Ende Juni direkt ins Freiland gesät. Er wird ab Ende September bis in den Winter hinein geerntet und verträgt Frost bis zu −4°C.

Die grünen Blätter sind sehr bitter.

Beim Treiben bilden sich gelbe »Zapfen«.

Chicorée

Cichorium intybus var. *foliosum*

Familie: *Compositae*, Korbblütler.

Zur Pflanze: Starkzehrer. Lockere hohe Köpfe mit hellgrünen Blättern und dicken Pfahlwurzeln. Gegessen werden die Sprosse, die sich nach dem Abschneiden der Sommerblätter entwickeln. Erhältlich sind Sorten, die beim Treiben vollständig mit Erde bedeckt werden müssen, und solche, die ohne Erdabdeckung getrieben werden.

Kulturzeit: Im Beet 6 Monate ab Aussaat. Treiben den ganzen Winter über.

Kulturfolge: Vorkultur: Spinat, Salat, frühe Kohlrabi.

Mischkultur: Möhren, Knollenfenchel, Tomaten.

Boden: Locker, sandig. Im Herbst mit verrottetem Mist oder Kompost vorbereiten.

Saat/Pflanzung: Aussaat Mitte Mai mit Reihenabständen von 30 cm. Nach dem Keimen auf 15 cm in der Reihe vereinzeln.

Pflege: Unkrautfrei halten. Reichlich gießen, vor allem im Herbst.

Pflanzenschutz: Nicht notwendig.

Ernte: Ende Oktober Wurzeln mit der Grabegabel aus dem Beet nehmen, Blätter bis 2 cm über den Wurzeln abschneiden. Im kühlen Keller lagern und nach und nach treiben: Dabei mehrere Wurzeln nebeneinander aufrecht in ein hohes Gefäß (Eimer, Kiste) mit Abzugslöchern stellen und den Behälter bis zum oberen Ende der Wurzeln mit Erde auffüllen. Angießen. Bei Sorten, die in Erde angetrieben werden, Gefäß weiter bis zum Rand mit Sand oder Sand-Erde-Mischung auffüllen, abdecken. Bei einer Temperatur von 10 bis 15°C treiben, dabei gleichmäßig feucht halten. Bei Sorten für das Treiben ohne Erdabdeckung werden die Wurzeln in feuchten Sand oder Erde gestellt und dunkel gehalten. Nach 5 bis 6 Wochen kann man die festen weißen Zapfen ernten. Ist der Raum zu warm und nicht dunkel genug, bilden sich keine Zapfen, sondern nur lockere Köpfe, die man aber auch verwenden kann.

Mein Tip: Wenn Sie keinen kühlen Keller haben, können Sie Chicorée auch im abgedeckten Frühbeet treiben. Dafür Wurzeln 15 bis 20 cm tief senkrecht in eine Erdgrube stellen, darüber Erde ebenso hoch auffüllen, eventuell mit Stroh abdecken.

Die Stiele von außen nach innen ernten.

Roter Mangold wirkt besonders attraktiv.

Blatt- und Stielmangold

Beta vulgaris ssp. *vulgaris*

Familie: *Chenopodiaceae,* Gänsefußgewächse.
Zur Pflanze: Starkzehrer. Blattmangold ähnelt groß gewachsenem Spinat. Bei Stielmangold (heißt auch Rippenmangold) werden die Blätter bis zu 50 cm lang und wachsen an dicken weißen oder roten Stielen. Die Pflanzen können überwintern, im zeitigen Frühjahr gibt es dann nochmals eine Ernte.
Kulturzeit: 11 Monate ab Aussaat.
Kulturfolge: Vorkultur: Frühkartoffeln, Salat, Feldsalat. Nicht nach anderen Gänsefußgewächsen wie Rote Bete oder Spinat pflanzen.
Mischkultur: Bohnen, Kohl, Rettich, Möhren.
Boden: Alle Böden. Lockern und mit Kompost oder verrottetem Stallmist versorgen.
Saat/Pflanzung: Von April bis Juni in Reihen aussäen. Reihenabstand bei Blattmangold 20 cm, bei Stielmangold 30 bis 40 cm. Samen 3 cm tief, in schweren Böden nur 1 cm tief legen. Nach dem Keimen Stielmangold auf 30 cm in der Reihe vereinzeln.
Pflege: Alle 4 Wochen mit Brennesselbrühe oder flüssigem organischem Dünger nachdüngen. Unkrautfrei halten. Bei Überwinterung mit Reisig oder einem Folientunnel schützen.
Pflanzenschutz: Nicht zu dicht pflanzen, sonst steigt die Gefahr eines Mehltaubefalls.
Ernte: Blattmangold erste Ernte 8 Wochen nach Saat. Stielmangold erste Ernte nach 3 Monaten. Bei Blattmangold die Blätter mit den Stielen schneiden, das Herz schonen, damit sich immer wieder neue Blätter bilden. Bei Stielmangold können laufend äußere Blätter und Stiele geerntet werden. Die Pflanze treibt von innen ständig nach. Bei Überwinterung gibt es meist nochmals eine Ernte im Frühjahr. Danach geht die Pflanze in Blüte und ist nicht mehr verwendbar.
Mein Tip: Wenn Sie den Mangold vereinzeln (beim Stielmangold unbedingt notwendig), können Sie die herausgezogenen Jungpflanzen auf ein zweites Beet setzen, sie wachsen problemlos an.

Spinat ist ideal als Vor- und Nachkultur.

Neuseeländer Spinat wächst kriechend.

Spinat
Spinacia oleracea

Familie: *Chenopodiaceae,* Gänsefußgewächse.
Zur Pflanze: Mittelzehrer. Kräftige dunkelgrüne Blätter. Es gibt Sorten für Frühjahrs- und Herbstaussaat, Wurzelspinat für Sommersaat und winterfeste Sorten.
Kulturzeit: Im Frühjahr 8 Wochen, bei Überwinterung 6 Monate ab Aussaat.
Kulturfolge: Frühe Sorten vor Kohl, Tomaten, Bohnen, Erbsen. Winterspinat nach Gemüsen, die im August/September abgeerntet sind (außer Bohnen und Erbsen).
Mischkultur: Kohl, Kartoffeln. Als Randbepflanzung für alle Kulturen, die von Erdflöhen bedroht sind.
Boden: Feinkrümelig, humos, nicht zu sandig. Überdüngung mit Stickstoff vermeiden, da Spinat Nitrat anreichert.
Saat/Pflanzung: Frühsaat ab März in Reihen oder als Flächensaat. Herbstsaat ab August. Für Überwinterung Ende September aussäen.
Pflege: Boden nicht austrocknen lassen.
Pflanzenschutz: Mehltauresistente Sorten wählen.
Ernte: Ab 8 Wochen nach Aussaat Blätter laufend abschneiden.
Mein Tip: Lassen Sie die Wurzeln in der Erde verrotten, das nützt den Folgekulturen.

Neuseeländer Spinat
Tetragonia tetragonioides

Familie: *Aizoaceae,* Eiskrautgewächse.
Zur Pflanze: Starkzehrer. Stark verzweigte Pflanze mit kriechenden Ranken und fleischigen Blättern. Schießt im Sommer nicht, braucht aber viel Feuchtigkeit. Frostempfindlich.
Kulturzeit: 6 Monate ab Pflanzung.
Kulturfolge: Vorkultur: früher Salat, Radieschen.
Mischkultur: Keine.
Boden: Nährstoffreich, feucht. Vor der Aussaat mit ausreichend Kompost oder organischem Dünger versorgen.
Saat/Pflanzung: Samen 24 Stunden vorquellen lassen. Aussaat ab März im Glashaus oder am Fenster. Auspflanzen Ende Mai, Abstand 80 cm.
Pflege: Jungpflanzen entspitzen zur besseren Verzweigung. Nach der ersten Ernte zweimal mit Pflanzenjauche düngen.
Pflanzenschutz: Nicht notwendig.
Ernte: Ab Ende Juni die Blätter abpflücken, sie wachsen schnell nach. Triebspitzen nicht abpflücken!
Mein Tip: Sie können Neuseeländer Spinat auch auf den Baumscheiben von Obstbäumen anbauen – dann mehrmals düngen.

Feines Frühgemüse – Kohlrabi.

Von zart bis deftig

Kohlgemüse

Schon längst hat Kohl den Ruch des Arme-Leute-Essens verloren. Richtig zubereitet kann er eine Delikatesse sein. Immer neue Sorten richten sich zudem nach dem Geschmack des Verbrauchers.

Kohl galt ganz früher weniger als Nahrungs- denn als Heilmittel: Alle Arten enthalten nämlich viel Vitamin C und andere Vitamine, dazu reichlich Mineralstoffe. Deshalb sollten Sie Kohl nicht endlos kochen. Schnell gedünstet oder – bei Weißkohl – als Sauerkraut eingelegt ist er gesünder. Manche Kohlarten sind auch als Rohkost eine Delikatesse, von jungen, zarten Kohlrabiknollen bis zu deftigem Weißkrautsalat. So unterschiedlich die einzelnen Kohlarten auch sind, eines haben sie gemeinsam: Werden sie zu stark mit Mist gedüngt, dann riechen und schmecken sie unangenehm und sind nicht mehr bekömmlich. Doch die meisten Kohlarten sind Starkzehrer und brauchen reichlich Dünger, um große Köpfe zu bilden und gut auszureifen. Im biologischen Garten müssen Sie also auf die ausgewogene und ausreichende Ernährung der Kohlarten besonders achten. Geben Sie ihnen vor der Pflanzung organische Handelsdünger und während des Sommers öfter stickstoffreiche Pflanzenjauchen.

Kohlrabi

Brassica oleracea var. *gongylodes*

Familie: *Cruciferae,* Kreuzblütler.
Zur Pflanze: Mittelzehrer. Der Sproß bildet dicht über der Erde blaßgrüne oder violette Knollen. Braucht viel Licht. Frost- empfindlich.
Kulturzeit: 8 bis 10 Wo- chen ab Pflanzung.
Kulturfolge: Nachkultur: Lauch, späte Möhren, Buschbohnen, Rote Bete. Vorkultur bei Sommer- pflanzung: Salat, Möhren.
Mischkultur: Salat, Rote Bete, Spinat.
Boden: Nährstoffreich, kalkhaltig. Nur mit Kom- post düngen.

Saat/Pflanzung: Aussaat ab Februar unter Glas, Auspflanzung Anfang April ins Frühbeet. Oder ab Mai bis Mitte Juni ins Freiland aussäen, umpflan- zen bis spätestens August. Pflanzabstand 20 bis 30 cm. Nicht zu tief pflan- zen (→ Seite 33).
Pflege: Regelmäßig gie- ßen; gießt man zu stark auf ausgetrockneten Bo- den, dann platzen die Knollen.
Pflanzenschutz: Wie bei Weißkohl (→ Seite 86).
Ernte: Ab 2 Monate nach dem Auspflanzen, mög- lichst jung. Blaue Sorten bleiben länger zart.
Mein Tip: Verwenden Sie auch die jungen Blätter in der Küche.

Brokkoli gedeiht in jedem Klima.

Blumenkohl braucht viel Pflege.

Brokkoli, Spargelkohl

Brassica oleracea var. *italica*

Familie: *Cruciferae*, Kreuzblütler.
Zur Pflanze: Starkzehrer. Lockere Blätter, zwischen denen grüne oder (sortenbedingt) violette »Blumen« wachsen. Nicht so anspruchsvoll wie Blumenkohl.
Kulturzeit: 3 bis 4 Monate ab Pflanzung.
Kulturfolge: Vorkultur: Spinat, Salat, Wintermöhren. Nachkultur: Erbsen, Buschbohnen.
Mischkultur: Wie bei Weißkohl (→ Seite 86).
Boden: Nährstoffreich, kalkhaltig. Im Herbst kalken, vor der Pflanzung mit Kompost düngen. Keinen Stallmist verwenden – Geschmacksverlust!
Saat/Pflanzung: Saat ab Februar bis April unter Glas, ab Mai ins Freiland. Pflanzung April bis Juli, Abstand 40 cm.
Pflege: Regelmäßig gießen. Bei Ansatz der Blume mit Brennessel-Beinwell-Jauche düngen.
Pflanzenschutz: Wie bei Weißkohl (→ Seite 86).
Ernte: Ab 6 bis 8 Wochen nach der Pflanzung. Zuerst die mittlere Blume herausschneiden. Später wachsen in den Blattachseln neue, kleinere Blumen.
Mein Tip: Früh (April) oder spät (ab Juni) pflanzen, bei Pflanzung im Mai blüht die Pflanze schnell.

Blumenkohl

Brassica oleracea var. *botrytis*

Familie: *Cruciferae*, Kreuzblütler.
Zur Pflanze: Starkzehrer. In einem Kranz von Blättern sitzt eine weiße »Blume« aus geschlossenen Knospen. Frühe, mittelfrühe, späte und Mini-Sorten.
Kulturzeit: 3 Monate ab Pflanzung.
Kulturfolge: Vorkultur: frühe Buschbohnen, frühe Möhren. Nachkultur: Winterlauch, Feldsalat.
Mischkultur: Wie bei Weißkohl (→ Seite 86).
Boden: Nährstoffreich, kalkhaltig. Das Beet mit Kompost und organischem Dünger versorgen.
Saat/Pflanzung: Aussaat ab Februar (Pflanzung April) unter Glas. Ab April Aussaat ins Frühbeet, auspflanzen ab Mai bis Juli. Abstand 40 cm.
Pflege: Regelmäßig gießen, alle 4 Wochen mit Pflanzenjauche düngen. Wenn sich die Blume bildet, Blätter gegen Vergilben darüber knicken.
Pflanzenschutz: Wie bei Weißkohl (→ Seite 86).
Ernte: 10 bis 12 Wochen nach der Pflanzung, sobald die Blume voll ausgebildet ist.
Mein Tip: Die Anzucht von Jungpflanzen ist aufwendig, es lohnt sich, Setzlinge zu kaufen.

Rotkohl sollte genau wie . . .

. . . Weißkohl vor den ersten Frösten geerntet werden.

Rotkohl, Weißkohl

Brassica oleracea var. *capitata*

Familie: *Cruciferae,* Kreuzblütler.

Zur Pflanze: Starkzehrer. Feste große Köpfe. Weißkohl hellgrüne Außen-, blaßgrüne Innenblätter, Rotkohl rote Blätter mit hellen Rippen. Es gibt frühe, mittelfrühe und späte Sorten sowie Spitzkohl.

Kulturzeit: Frühe Sorten 5 Monate, mittelfrühe und späte 6 Monate ab Pflanzung.

Kulturfolge: Kopfkohl wird, weil er sehr hohen Nährstoffbedarf hat, ohne Vorkultur auf die vorbereiteten Beete gepflanzt. Auf diesen Beeten sollten danach drei Jahre lang keine Kreuzblütler, vor allem kein Kohl mehr kultiviert werden. Nachkultur bei frühen Sorten: Feldsalat, Spinat.

Mischkultur: Sellerie, Spinat, Salat, Erbsen, Rote Bete. Neben Tomaten, Gurken.

Boden: Sehr nährstoffreich, besser schwer als leicht. Im Herbst mit Kompost und Blut-, Horn-, Knochenmehl düngen. Düngung mit Mist führt zu Geschmacksveränderung.

Saat/Pflanzung: Frühe Sorten Ende Januar unter Glas aussäen, Ende März ins Freiland pflanzen. Mittelfrühe und späte Sorten im März/April unter Glas säen, ab Mai ins Freiland pflanzen. Abstände bei frühen Sorten 40 cm, bei späten 50 cm. Tief pflanzen (→ Zeichnung, Seite 33), später etwas anhäufeln.

Pflege: Reichlich gießen, und zwar nicht auf die Blätter, sondern an den Fuß der Pflanzen. Drei- bis viermal während der Wachstumszeit mit Pflanzenjauchen (Beinwell, Brennessel) oder flüssigem organischem Dünger versorgen.

Pflanzenschutz: Gegen Kohlhernie Algenkalk ins Pflanzloch geben. Kohlweißlinge durch Zwischenpflanzen stark duftender Pflanzen (Sellerie, Kamille) irritieren. Oder ausgegeizte Tomatenblätter zwischen die Kohlköpfe legen, Köpfe mit Brühen aus Knoblauch oder Tomatenblättern besprühen. Raupen absammeln.

Ernte: Ab 5 Monate nach dem Auspflanzen. Frühe Sorten sind für den sofortigen Verbrauch bestimmt und können auch geerntet werden, wenn die Köpfe noch klein sind. Mittelfrühe und späte Sorten werden ab Oktober bis zu den ersten Frösten geerntet und sind lagerfähig.

Mein Tip: Auf Beeten, auf denen Kohl angepflanzt wird, niemals Senf als Gründüngung ausbringen!

Wirsing ist ein beliebtes Feinschmeckergemüse.

Wirsing

Brassica oleracea var. *sabauda*

Familie: *Cruciferae*, Kreuzblütler.

Zur Pflanze: Starkzehrer. Dicker Kopf mit außen dunkelgrünen, innen gelben, gekräuselten Blättern. Bevorzugt kühles, feuchtes Klima. Es gibt frühe, Sommer- und Wintersorten.

Kulturzeit: Frühe Sorten 3, späte 5 Monate ab Pflanzung.

Kulturfolge: Vorkultur bei späten Sorten: Spinat, früher Salat. Nachkultur bei frühen Sorten: Feldsalat, Winterspinat.

Mischkultur: Bohnen, Erbsen, Sellerie, Rote Bete. Neben Tomaten, Gurken.

Boden: Nährstoffreich, tiefgründig, locker. Im Herbst mit reichlich Kompost versorgen oder Horn-, Blut-, Knochenmehl ausstreuen und oberflächlich einarbeiten, kalken.

Saat/Pflanzung: Frühe Sorten ab Januar unter Glas aussäen, ab April auspflanzen. Die frühen Sorten am besten nach und nach auspflanzen, damit Sie über Wochen ernten können. Bei sehr kühler Witterung während der Jugendentwicklung besteht Schoßgefahr. Sommersorten im März ins Frühbeet säen (Pflanzung im Mai), Herbst- und Winterwirsing Anfang Mai ins Freiland säen, Pflanzung Anfang Juni. Abstände 50 bis 60 cm, tief pflanzen (→ Zeichnung, Seite 33).

Pflege: Reichlich gießen, mulchen, drei- bis viermal mit organischem Flüssigdünger versorgen.

Pflanzenschutz: Wie bei Weißkohl (→ Seite 86).

Ernte: 3 Monate nach dem Auspflanzen. Früher Wirsing ist zum sofortigen Gebrauch, späte Sorten sind lagerfähig.

Mein Tip: Eine selten gewordene Wirsingsorte ist der Butterkohl, der ein ausgesprochenes Wintergemüse ist. Er bildet kleine, lockere Köpfe. Die Aussaat erfolgt im Juli ins Freiland.

Gepflanzt wird er von Ende August bis Oktober. Die Ernte ist den ganzen Winter hindurch möglich – allerdings nur in milden Gegenden. Bei starkem Frost mit Folientunnel schützen. Anbau im Glashaus ist ebenfalls möglich. Für Pflege und Pflanzenschutz gelten die gleichen Hinweise wie beim Wirsing.

Rosenkohl

Brassica oleracea var. *gemmifera*

Familie: *Cruciferae,* Kreuzblütler.
Zur Pflanze: Starkzehrer. An bis zu 1 m hohen Strünken viele winzige Kohlköpfchen, »Röschen«, die sich in den Blattachseln bilden. Es gibt viele grüne, seltener auch rote Sorten.
Kulturzeit: 5 bis 6 Monate ab Pflanzung.
Kulturfolge: Vorkultur: Frühkartoffeln, Erbsen, Salat, Spinat.
Mischkultur: Wie bei Weißkohl (→ Seite 86).
Boden: Nährstoffreich, humos, kalkhaltig. Bei Pflanzung als Nachkultur das Beet vorher mit Kompost versorgen.
Saat/Pflanzung: Aussaat von April bis Mai im Freiland, bei kalter Witterung mit Folie abdecken. Pflanzung ab Juni bis Juli. Abstände 50 bis 60 cm.
Pflege: Bei Bedarf gießen. Nicht nachdüngen, sonst werden die Röschen nicht fest. Wenn die unteren Röschen etwa 1 cm dick sind, die Pflanzen entspitzen, dann reifen sie gleichmäßiger. Blätter als Frostschutz für die Röschen am Strunk lassen!
Pflanzenschutz: Wie bei Weißkohl (→ Seite 86).
Ernte: Nach dem ersten Frost, Rosenkohl ist dann bekömmlicher. Öfter durchpflücken. In den meisten Gegenden kann man den ganzen Winter direkt im Freiland ernten.
Mein Tip: Streuen Sie im Herbst etwas Holzasche um die Pflanzen, die Röschen werden dann fester.

Rosenkohl schmeckt am besten nach dem ersten Frost.

Grünkohl für den ganzen Winter.

Pak-Choi läßt sich roh oder gedünstet verwenden.

Grünkohl

Brassica oleracea var. *sabellica*

Familie: *Cruciferae*, Kreuzblütler.
Zur Pflanze: Starkzehrer. Gekrauste, dunkelgrüne Blätter an 50 bis 100 cm hohem Strunk.
Kulturzeit: Bis zu 9 Monate ab Pflanzung.
Kulturfolge: Vorkultur: Frühkartoffeln, Erbsen, Buschbohnen, Salat.
Mischkultur: Zuckerhut, Radicchio, Rote Bete.
Boden: Besser schwer als leicht, nährstoffreich, kalkhaltig. Mit Kompost und Blut-, Horn-, Knochenmehl düngen.
Saat/Pflanzung: Aussaat im Mai/Juni ins Frühbeet oder Freiland, Pflanzung Mitte Juni bis August. Abstände je nach Sorte 50 bis 70 cm.
Pflege: Gießen, mulchen.
Pflanzenschutz: Kaum notwendig.
Ernte: Beginn 3 bis 4 Monate nach Pflanzung. Grünkohl, der erst nach dem ersten Frost geerntet wird, schmeckt besser. Zuerst untere Blätter pflücken, zum Schluß das »Herz«. Im Frühjahr bilden sich an den Strünken oft nochmals kleine, leckere Sprossen.
Mein Tip: Gern überwintern Insekten in den krausen Blättern. Vor dem Verarbeiten deshalb 10 Minuten in Salzwasser legen.

Pak-Choi, Senfkohl

Brassica chinensis

Familie: *Cruciferae*, Kreuzblütler.
Zur Pflanze: Mittelzehrer. Lose Köpfe mit dicken weißen Rippen und glänzenden, dunkelgrünen Blättern.
Kulturzeit: 2 bis 3 Monate ab Pflanzung.
Kulturfolge: Vorkultur: frühe Gemüse – aber niemals andere Kreuzblütler.
Mischkultur: Salat, Lauch, Möhren.
Boden: Nährstoffreich, kalkhaltig. Bei Pflanzung als Nachkultur mit einem schnellwirkenden Dünger (zum Beispiel Guano, verrottetem Hühnermist) versorgen.
Saat/Pflanzung: Aussaat Anfang Juli unter Folie. Setzlinge bis Anfang August auspflanzen, Abstand 30 cm.
Pflege: Gießen, mulchen.
Pflanzenschutz: Gegen Erdflöhe und Schnecken Holzasche an die Wurzeln stäuben.
Ernte: Ab Ende September.
Mein Tip: Ganz ähnlich wie Pak-Choi wird auch Chinakohl (*Brassica pekinensis*) gepflegt: Aussaat bis Ende Juli, Pflanzung von Anfang bis Mitte August. Die Ernte erfolgt ab Oktober, wobei Chinakohl Frost bis −5°C verträgt. Im kühlen Keller halten die Köpfe wochenlang.

Von mild bis scharf

Zwiebel- und Lauchgemüse

Zwiebeln in allen Spielarten dürfen in keiner Küche fehlen. Sie geben vielen Gerichten erst die richtige Würze – und sie haben durch Inhaltsstoffe, die wie Antibiotika wirken, ausgesprochen heilsame Eigenschaften.

Auf der ganzen Welt werden seit Jahrtausenden Zwiebeln kultiviert. Es gibt große und kleine, frühe und späte, milde und scharfe – für jeden Geschmack die richtige Art und Sorte. Bei geschickter Planung können Sie fast das ganze Jahr über frische Zwiebeln ernten – von der Maizwiebel im zeitigen Frühjahr bis zur Schalotte im August. Die meisten Zwiebelarten lassen sich zudem gut lagern. Eine Sonderstellung bei den Zwiebelgemüsen nimmt der Knoblauch ein, der – lange geächtet – heute aus der feinen Küche nicht mehr wegzudenken ist. Etwas aus der Reihe fällt auch der Lauch, der keine Zwiebeln bildet, sondern lange weiße Schäfte.
Alle Zwiebelarten lieben leichten, humosen Boden. Der einzige in dieser Gattung, der reichlich Nährstoffe braucht, ist der Lauch. Aber bitte nur Kompost und organische Handelsdünger geben – Zwiebelgewächse vertragen keinen frischen Mist!

Winterlauch kann draußen überwintern.

Lauch, Porree
Allium porrum

Familie: *Liliaceae*, Liliengewächse.
Zur Pflanze: Starkzehrer. Bis 30 cm hohe Pflanze mit flachen Blättern, die im unteren Teil zu einem weißen »Schaft« gerollt sind. Frühe und Wintersorten.
Kulturzeit: Sommerlauch 4 bis 5, Winterlauch bis zu 10 Monate ab Pflanzung.
Kulturfolge: Vorkultur: Frühgemüse, Salat.
Mischkultur: Sellerie, Möhren, Tomaten.
Boden: Tiefgründig, nährstoffreich. Nicht frisch mit Mist gedüngt.
Saat/Pflanzung: Sommerlauch ab Februar unter Glas aussäen. Pflanzung ab Mai. Winterlauch Anfang April aussäen. Ende Juni auspflanzen. Reihenabstände 30 cm, in der Reihe 15 cm. In Vertiefung pflanzen und anhäufeln – so gibt es lange weiße Schäfte.
Pflege: Zwei- bis dreimal mit Pflanzenjauche düngen, regelmäßig gießen.
Pflanzenschutz: Mischkultur mit Möhren verhindert Befall mit Lauchmotte.
Ernte: Sommerlauch vor den ersten Frösten ernten. Winterlauch kann in milden Gegenden auf dem Beet bleiben.
Mein Tip: Lauch ist durch sein breites, tiefreichendes Wurzelwerk ein erstklassiger Bodenverbesserer.

Knoblauch ist ideal für Mischkulturen.

Maizwiebeln – erste Delikatesse im Frühling.

Knoblauch
Allium sativum

Familie: *Liliaceae*, Liliengewächse.
Zur Pflanze: Mittelzehrer. Aus zahlreichen »Zehen« bestehende Zwiebel. Nach der Blüte bilden sich Brutzwiebeln an langen Stengeln.
Kulturzeit: 8 Monate bei Frühlingsaussaat, 12 Monate bei Herbstaussaat.
Kulturfolge: Keine.
Mischkultur: Kann zwischen alle Gemüsearten gesetzt werden, außer zu Kohl, Erbsen und Bohnen.
Boden: Warm, leicht. Im Herbst oder vor dem Stecken mit Kompost versorgen.

Saat/Pflanzung: Im März/April oder im September einzelne Zehen oder Brutzwiebeln 2 cm tief mit der Spitze nach oben (Abstand 15 cm) in den Boden stecken.
Pflege: Unkrautfrei halten. Nur während der Wachstumszeit gießen.
Pflanzenschutz: Staunässe vermeiden (Fäulnisgefahr)! Nicht mehr gießen, wenn das Laub gelb wird.
Ernte: Sobald das Laub ganz verwelkt ist.
Mein Tip: Knoblauch hat antibiotische Eigenschaften und wirkt vorbeugend gegen Pilzkrankheiten. Deshalb zu allen pilzgefährdeten Pflanzen (Rosen, Erdbeeren) einige Knoblauchzehen stecken.

Maizwiebel, Schlottenzwiebel
Allium cepa

Familie: *Liliaceae*, Liliengewächse.
Zur Pflanze: Mittelzehrer. Runde oder längliche, kleine weiße Zwiebel mit langem weißem oder, je nach Sorte, rötlichem Schaft und kräftigem Zwiebellauch.
Kulturzeit: 9 Monate ab Aussaat.
Kulturfolge: Vorkultur: alle Gemüse, die bis August abgeräumt sind.
Mischkultur: Feldsalat, Erdbeeren.
Boden: Nährstoffreich, mittelschwer. Nur mit Kompost düngen.

Saat/Pflanzung: Ab August in Reihen aussäen (Reihenabstand 20 cm), nach der Keimung auf 5 cm vereinzeln. Brutzwiebeln können bis Oktober gesteckt werden.
Pflege: Bei Anbau als Nachkultur im Oktober mit Pflanzenjauche düngen. In sehr kalten Wintern mit Reisig abdecken.
Pflanzenschutz: Nicht notwendig.
Ernte: Je nach Witterung laufend ab April bis etwa Ende Mai.
Mein Tip: Verwenden Sie außer der Zwiebel auch das Laub in der Küche.

Zwiebeln brauchen lockeren Boden und ausreichend Platz, damit sie dicke Knollen bilden können.

Zwiebel
Allium cepa

Familie: *Liliaceae,* Liliengewächse.

Zur Pflanze: Mittelzehrer. Pflanze mit runder oder ovaler weißer, gelber oder roter Zwiebel und rundem, hohlem Laub (Schlotten). Viele Sorten, zum Stecken oder Säen, zum Sofortverbrauch, Einlagern oder Überwintern.

Kulturzeit: Steckzwiebeln 5 bis 6 Monate, Saatzwiebeln je nach Sorte bis zu 9 Monate.

Kulturfolge: Vorkultur: Spinat. Keine anderen Liliengewächse! Nachkultur: Feldsalat.

Mischkultur: Möhren, Salat. Neben Gurken, Tomaten. Nicht zu Kohl, Bohnen und Erbsen!

Boden: Warm, tiefgründig, humusreich. Auf schweren, nassen Böden angebaute Zwiebeln sind schlecht lagerfähig. Sandböden vor dem Stecken oder Säen mit Kompost oder organischem Dünger versorgen und Gesteinsmehl einarbeiten. Keinen frischen Mist geben.

Saat/Pflanzung: Steckzwiebeln ab März/April (wenn die Stachelbeeren Blättchen bilden) in Reihen ausbringen (Reihenabstand 20 cm, Zwiebelabstand 10 cm). Dabei Zwiebelchen mit der Spitze nach oben so in den Boden drücken, daß sie vollständig in der Erde sitzen.

Kleine Steckzwiebeln neigen weniger zum Schossen. Saatzwiebeln ab Februar ins Frühbeet aussäen (Riesenzwiebeln im Glashaus). Die Keimung kann bis zu 4 Wochen dauern! Zum Überwintern in milden Gegenden Aussaat Mitte bis Ende August (nicht früher, da sonst Schoßgefahr).

Pflege: Oft durchhacken, damit der Boden nicht austrocknet. Vorsicht: Wurzeln liegen dicht unter der Erde. Wässern während der Wachstumszeit.

Pflanzenschutz: Gegen Mehltau vorbeugend Ackerschachtelhalmtee sprühen. Gegen Lauchmotten Petersilie zwischenpflanzen.

Ernte: Wenn das Laub von allein umknickt und gelb wird. Das allgemein übliche Umtreten des Laubs bewirkt Notreife und schlechte Lagerfähigkeit. Zwiebeln herausziehen und einige Tage bei sonnigem Wetter auf dem Beet liegen lassen, dann an einem warmen Platz trocknen. Geschoßte Zwiebeln sofort verbrauchen.

Mein Tip: Wenn Sie ein paar Steckzwiebeln vom Frühjahr übrigbehalten haben, sollten Sie diese im August/September auspflanzen. Das frische Zwiebelgrün kann man den ganzen Winter über (statt Schnittlauch) ernten.

Bei Winterheckenzwiebeln wird das Laub verwendet.

Schalotten für die feine Küche.

Winterhecken-zwiebel
Allium fistulosum

Familie: *Liliaceae*, Liliengewächse.
Zur Pflanze: Schwach-zehrer. Winterharte, auch im Winter grün bleibende, in der Mitte bauchig dicke Schlotten mit dicken wei-ßen Blütenkugeln. Zwie-beln sind nur schwach ausgebildet.
Kulturzeit: Dauerkultur.
Kulturfolge: Keine.
Mischkultur: Mit Kräutern im Kräuterbeet.
Boden: Tiefgründig, humusreich. Im Herbst etwas Kompost geben.
Saat/Pflanzung: Pflan-zung von Brutzwiebeln oder Aussaat im Juli. Im September in Büscheln verpflanzen (Abstände 20 bis 40 cm). Alle 3 bis 4 Jahre teilen und an einen anderen Platz setzen.
Pflege: Bei Dauerpflan-zung im Herbst Kompost geben, im Frühjahr organi-schen Dünger.
Pflanzenschutz: Nicht notwendig.
Ernte: Ab dem zeitigen Frühjahr wie Schnittlauch. 4 bis 5 Pflanzen genügen für eine Familie.
Mein Tip: Wie Hecken-zwiebeln können Sie auch Lauchzwiebeln aussäen. Sie bilden keine Zwiebeln; verwendet wird neben dem weißen Schaft auch das lauchähnliche Laub. Es gibt frühe und winterharte Sorten.

Schalotte
Allium ascalonium

Familie: *Liliaceae*, Liliengewächse.
Zur Pflanze: Mittelzehrer. Zahlreiche kleine Zwie-beln, die an einem gemein-samen Boden sitzen. Sehr feiner Geschmack, halt-barer als Küchenzwiebeln. Bildet kaum Schosser.
Kulturzeit: 5 bis 7 Monate ab Stecken.
Kulturfolge: Nachkultur: Feldsalat.
Mischkultur: Erdbeeren, Salat, Möhren.
Boden: Leicht, humos, nicht frisch mit Stallmist gedüngt.
Saat/Pflanzung: Steck-zwiebeln im März in den Boden stecken (Abstand 15 bis 20 cm). Es bilden sich recht große »Nester«. In milden Gegenden Herbstpflanzung im Sep-tember. Beet dann mit Reisig abdecken.
Pflege: Hacken, damit die Feuchtigkeit im Boden bleibt. Während der Wachstumszeit gießen.
Pflanzenschutz: Wie bei Zwiebeln (→ Seite 92).
Ernte: Ab Juni frisch mit Laub. Zum Lagern im Juli und August, wenn das Laub gelb ist. Bleiben Zwiebeln im Boden zu-rück, treiben sie im näch-sten Jahr wieder aus.
Mein Tip: Schalotten sind zwar mühsam zu schälen, aber Feinschmecker sollten auf diese Delikatesse nicht verzichten.

Wurzel-, Knollen-, Stielgemüse

Von kleinen, zarten Radieschen bis zu stärkehaltigen Kartoffeln – vielfältig ist die Palette der Knollen und Wurzeln, die wir in der Küche verwenden. Sie brauchen lockeren, tiefgründigen Boden, um sich frei entfalten zu können.

Radieschen sind Frühlingsboten.

Pflanzen aus Gegenden mit langen Trockenzeiten oder Kälteperioden haben ihre eigene Art der Vorratshaltung entwickelt: Sie bilden Rüben oder Knollen, in denen sie Nährstoffe einlagern können. Bei den wilden Vorfahren unserer Wurzel- und Knollengemüse waren diese »Vorratskammern« nur in Ansätzen vorhanden. Die Kulturpflanzen wurden gezielt so gezüchtet, daß Wurzeln und Knollen besonders dick und schmackhaft werden. Am besten gedeihen sie in tiefgründigen, humosen Böden. Auf Düngung mit frischem Stallmist sollten Sie verzichten, denn dadurch werden zahlreiche Schädlinge angelockt. Bei den Stielgemüsen selektierte der Mensch die Pflanzen heraus, deren Stengel und Triebe gut schmecken – und er hilft, wie beim Spargel, durch Bleichen nach, daß sie besonders zart werden. Eine Sonderstellung nimmt die Artischocke ein. Sie wurde an diese Gruppe angehängt, da sie eng mit Cardy verwandt ist. Eigentlich bildet sie aber eine Gruppe für sich, denn bei ihr werden die zarten Knospen geerntet.

Radieschen

Raphanus sativus var. *sativus*

Familie: *Cruciferae*, Kreuzblütler.
Zur Pflanze: Schwachzehrer. Runde oder eiszapfenförmige rote, rotweiße oder weiße Knollen mit dunkelgrünen Blättern. Anbau im Frühjahr oder Herbst.
Kulturzeit: 4 bis 8 Wochen ab Aussaat.
Kulturfolge: Typische Vorkultur, vor Bohnen, Gurken, Sellerie, Tomaten. Bei Herbstsaat nach allen Gemüsearten, die vom Beet geräumt sind, außer Kreuzblütlern.
Mischkultur: Alle Gemüsearten.

Boden: Locker, humos. Vor der Aussaat etwas Kompost einarbeiten.
Saat/Pflanzung: Aussaat ab Anfang März ins Freiland, 1 cm tief. Abstand der Reihen 15 cm. Keimlinge auf 5 cm in der Reihe vereinzeln.
Pflege: Regelmäßig gießen.
Pflanzenschutz: Gegen Erdflöhe Salat zwischenpflanzen.
Ernte: Ab 4 Wochen nach Aussaat laufend ernten.
Mein Tip: Säen Sie im Frühjahr jede Woche eine kurze Reihe aus. So können Sie laufend frische Radieschen ernten.

Weißer Bierrettich.

Schwarzer Winterrettich.

Rettich

Raphanus sativus var. *niger*

Familie: *Cruciferae,* Kreuzblütler.

Zur Pflanze: Mittelzehrer. Es gibt viele verschiedene Sorten: weiße, rote, für Freiland und Gewächshaus, für Sommer- und Herbstanbau sowie den lagerfähigen schwarzen Winterrettich (längliche und runde Sorten). Der Geschmack reicht von mild bis sehr scharf.

Kulturzeit: 5 Monate ab Aussaat.

Kulturfolge: Vorkultur vor Sommerrettichen: Spinat, früher Salat; keine Radieschen. Vorkultur vor Winterrettich: alle Gemüsearten, die bis August vom Beet geräumt sind, außer Kreuzblütlern und Mais.

Mischkultur: Salat, Spinat, Bohnen. Aber Vorsicht: Sommer- und Winterrettiche brauchen ziemlich viel Platz.

Boden: Locker, humusreich. Schwere Böden sind nicht geeignet, die Rettiche werden darauf zu scharf und verzweigen sich im Boden. Vor der Aussaat mit Kompost versorgen.

Saat/Pflanzung: Sorten fürs Gewächshaus ab Januar, Freilandsorten für den Sommer ab April, Herbst- und Winterrettiche ab August aussäen. Reihenabstände 25 cm, bei Hybridsorten mehr.

Pflege: Regelmäßig gießen, damit die Rettiche nicht scharf werden.

Pflanzenschutz: Gegen Erdflöhe Salat zwischenpflanzen, Algenkalke oder Gesteinsmehl stäuben (→ Seite 55). Nicht auf frisch gekalkte oder mit Mist versorgte Beete säen (fördert Befall mit Rettichschwärze)! Nicht nach anderen Kreuzblütlern anbauen (Nematodengefahr)!

Ernte: Je nach Sorte von April (Glashaus), August (Sommerrettich) bis Oktober (Winterrettich) ernten. Frühe Rettiche frisch verwenden, Winter-Sorten kann man in feuchtem Sand den ganzen Winter über lagern.

Mein Tip: Die neuen überlangen Sorten gedeihen nur in Böden, die bis in eine Tiefe von 30 cm gelockert und mit viel Sand angereichert sind. Sie brauchen außerdem für ihr flach auf dem Boden liegendes Blattwerk Pflanzabstände von 40 cm.

Möhren brauchen leichten, sandigen Boden.

Möhre, Gelbe Rübe, Karotte
Daucus carota ssp. *sativus*

Familie: *Umbelliferae*, Doldenblütler.

Zur Pflanze: Mittelzehrer. Verschiedene Sorten mit langen oder kurzen, dicken oder dünnen Rüben. Karotten mit rundlichen Rüben. Eine hell- bis dunkelorangefarbene »Rinde« umhüllt ein helleres »Herz«, es gibt aber auch Möhren ohne Herz. Neben frühen, mittelfrühen und spät reifenden Möhren sind im Handel auch Sorten für den Winteranbau erhältlich, die dann im Frühjahr geerntet werden.

Kulturzeit: Karotten 4 Monate, Möhren 3 bis 6 Monate ab Aussaat.

Kulturfolge: Vorkultur: Spinat, Salat, frühe Kohlrabi, frühe Erbsen.

Mischkultur: Lauch, Knoblauch, Zwiebeln, Mangold, neben Tomaten, Erbsen.

Boden: Tiefgründig, leicht, nährstoffreich. Böden aus Sand oder lehmigem Sand sind ideal. In schweren, verdichteten Böden bilden sich kleine, verzweigte Rüben. Zu schwere Böden deshalb mit Sand lockern. Im Frühjahr das Beet 2 bis 3 Wochen vor der Aussaat mit Kompost versorgen.

Saat/Pflanzung: Ab März in Reihen aussäen, möglichst mit weiten Abständen in der Reihe (5 cm), damit nicht ausgedünnt werden muß. Das ist allerdings etwas schwierig, da die Samen sehr fein sind. Erleichtert wird es durch Pillensaatgut (→ Seite 26), bei dem die einzelnen Samen von einer Hülle umgeben und dadurch größer sind. Besonders praktisch sind Saatbänder, bei denen die Samen bereits im richtigen Abstand angeordnet sind. Der Reihenabstand beträgt bei Karotten 15 cm, bei Frühmöhren 20 cm, bei Sommermöhren und späten Möhren 30 cm. Saat gut andrücken. Keimzeit bis zu 4 Wochen, als Markiersaat (→ Seite 30)

Dicke, runde Karotten.

Rote Bete für den Wintervorrat.

können Radieschen in die Reihen gesät werden. Aussaat im August mit Ernte im zeitigen Frühjahr ist ebenfalls möglich.

Pflege: Regelmäßig gießen, Unkraut enfernen.

Pflanzenschutz: Sehr frühe (März) oder späte Aussaat (Juni) vermindert den Befall mit Möhrenfliege. Zusätzlich Insektenschutznetz auf die Saat legen. Nach dem Ausdünnen gießen, damit die Möhrenfliege nicht in dem gelockerten Boden Eier ablegt. Bei Nematodengefahr Tagetes zwischenpflanzen. Vor Möhren niemals frischen Mist ausbringen, auch nicht im Herbst vor der Aussaat –

starker Ungezieferbefall wäre die Folge!

Ernte: Frühe Möhren nach 3 bis 4 Monaten (frühestens Ende Mai), Sommermöhren nach 4 bis 5 Monaten. Späte Möhren so lange wie möglich im Boden lassen, das verbessert das Aroma. Sie können anschließend in Sand monatelang gelagert werden.

Mein Tip: Achten Sie bei der Ernte darauf, den Nitratgehalt zu verringern (→ Seite 62).

Rote Bete

Beta vulgaris var. *conditiva*

Familie: *Chenopodiaceae*, Gänsefußgewächse.

Zur Pflanze: Mittelzehrer. Rötlichgrüne Blätter wachsen aus einer runden oder länglichen roten Rübe.

Kulturzeit: 5 Monate ab Aussaat.

Kulturfolge: Vorkultur: Salat, Kohlrabi.

Mischkultur: Salat, Bohnen. Nicht zu Kartoffeln setzen.

Boden: Nährstoffreich, wasserdurchlässig. Im Herbst mit reifem Kompost oder Stallmist düngen.

Saat/Pflanzung: Ab Mai Aussaat ins Freiland in Reihen (Abstand 30 cm).

Nach dem Keimen auf 5 bis 7 cm in der Reihe vereinzeln. In rauhen Gegenden ab April im Glashaus vorziehen.

Pflege: Während der Rübenbildung regelmäßig gießen.

Pflanzenschutz: Auf Blattläuse kontrollieren, bei starkem Befall mit Seifenwasser abspritzen. Nicht zu eng stellen (Mehltaugefahr)!

Ernte: Nußgroße Rüben können bereits beim Vereinzeln geerntet werden. Später ab August laufend bis zu den ersten Frösten.

Mein Tip: Blätter abdrehen und dabei die Rübe nicht verletzen – dann sind Rote Bete in Sand gut lagerfähig.

Knollensellerie

Apium graveolens var.
rapaceum

Familie: *Umbelliferae*, Dolden-
blütler.
Zur Pflanze: Starkzehrer. Bräunliche
bis grünliche Knolle (Rübe), die halb
aus dem Boden ragt und aus der
dunkelgrüne Blätter an langen
Stielen wachsen.
Kulturzeit: 5 bis 6 Monate ab
Pflanzung.
Kulturfolge: Vorkultur: Spinat,
Kohlrabi, Salat.
Mischkultur: Lauch, Buschbohnen,
Kohl.
Boden: Schwer, nährstoffreich,
humos, ohne Staunässe. Im Herbst
mit verrottetem Stallmist oder
Kompost versorgen. Bei reiner
Kompostdüngung vor der Pflanzung
organischen Dünger zugeben.
Saat/Pflanzung: Ab Februar unter
Glas aussäen. Die Temperatur muß
konstant bleiben, sonst besteht
Schoßgefahr. Auspflanzen ab Mitte
Mai im Abstand von 50 cm, nicht zu
tief (→ Zeichnung, Seite 33). Kauf
von Setzlingen lohnt sich!
Pflege: Gießen. Bei Knollenbildung
Erde um die Knolle etwa 2 cm tief
entfernen.
Pflanzenschutz: Gegen die Möhren-
fliege Tomatenblätter zwischen die
Selleriepflanzen legen.
Ernte: Im Oktober, vor den ersten
Frösten. Zum Lagern Laub 5 cm über
der Knolle abschneiden.
Mein Tip: Sellerieblätter, frisch und
getrocknet, sind eine gute Würze für
Suppen und Eintöpfe. Schneidet
man aber während der Vegetationszeit zuviel Laub von den Knollen,
dann entwickeln sie sich schlecht
und bleiben klein.

Sellerie mag es, wenn man die Knolle mit etwas Salz umstreut.

Bei Bleichsellerie werden die Stiele geerntet.

Knollenfenchel für mediterrane Gerichte.

Bleichsellerie, Staudensellerie

Apium graveolens var. *dulce*

Familie: *Umbelliferae*, Doldenblütler.
Zur Pflanze: Starkzehrer. Bildet keine Knollen. Die Stengel mit den frischgrünen Blättern sind je nach Sorte grün oder weiß.
Kulturzeit: 6 Monate ab Pflanzung.
Kulturfolge: Wie bei Knollensellerie (→ Seite 98).
Mischkultur: Nicht möglich, da eng gepflanzt wird.
Boden: Nährstoffreich, schwer. Vor der Pflanzung mit verrottetem Mist oder Kompost und organischem Dünger versorgen.
Saat/Pflanzung: Saat ab April unter Glas oder ins Frühbeet. Ausflanzung Ende Mai ins Freiland. Selbstbleichende Sorten eng pflanzen (Abstand 20 cm), normale Sorten mit 40 cm Abstand in 20 cm tiefe Furchen.
Pflege: Regelmäßig gießen. In Furchen gesetzte Pflanzen anhäufeln. Oder 6 Wochen vor der Ernte die Stengel zusammenbinden und mit schwarzer Folie umwickeln.
Pflanzenschutz: Nicht nötig.
Ernte: Vor den ersten Frösten.
Mein Tip: Pflanzen Sie nicht zu viel, denn Bleichsellerie sollte frisch gegessen werden.

Knollenfenchel

Foeniculum vulgare var. *azoricum*

Familie: *Umbelliferae*, Doldenblütler.
Zur Pflanze: Mittelzehrer. Die Blattsprossen bilden im unteren Teil eine flache Scheinknolle aus dicken flachen Sproßteilen. Blätter zart fiedrig.
Kulturzeit: 4 bis 5 Monate ab Aussaat.
Kulturfolge: Vorkultur: Spinat, Salat, Kohlrabi.
Mischkultur: Endivien, Chicorée, Kopfsalat. Nicht mit Tomaten!
Boden: Tiefgründig, nährstoffreich, kalkhaltig. Im Herbst kalken, im Frühjahr mit Kompost oder organischem Dünger versorgen.
Saat/Pflanzung: Ende Juni bis Mitte Juli ins Freiland säen, mit Reihenabstand von 40 cm. Auf 20 cm in der Reihe vereinzeln. Ausgedünnte Pflänzchen können an einen anderen Platz versetzt werden (nicht bei heißem Wetter).
Pflege: Regelmäßig gießen. 3 Wochen nach dem Vereinzeln organischen Dünger geben.
Pflanzenschutz: Vor Schneckenfraß schützen. Gegen Falschen Mehltau vorbeugend mit Schachtelhalmtee spritzen.
Ernte: Sobald die Knolle groß genug ist – spätestens Mitte Oktober.
Mein Tip: Verwenden Sie die Blätter des Fenchels zum Würzen.

Pastinaken – altes Gemüse, neu entdeckt.

Nahrhafte Knollen, schöne Blüten.

Pastinake
Pastinaca sativa

Familie: *Umbelliferae*, Doldenblütler.
Zur Pflanze: Starkzehrer. Dicke gelbe, innen meist weiße Pfahlwurzel, bis 60 cm hohe Blätter.
Kulturzeit: 8 bis 12 Monate ab Aussaat.
Kulturfolge: Keine.
Mischkultur: Wie bei Möhren (→ Seite 96).
Boden: Leicht bis mittelschwer, nährstoffreich. Mit Kompost oder verrottetem Stallmist vorbereiten.
Saat/Pflanzung: Saat ab März/April direkt ins Freiland in Reihen (Abstand 40 cm). Nach dem Keimen (kann bis zu 5 Wochen dauern) auf 10 cm in der Reihe vereinzeln. Radieschen als Markiersaat dazusäen, damit gehackt werden kann.
Pflege: Hacken und unkrautfrei halten. Nur bei Trockenheit gießen.
Pflanzenschutz: Nicht notwendig.
Ernte: Ab Oktober bis März Rüben mit der Grabegabel aus dem Boden heben. Je später man erntet, desto dicker sind die Wurzeln. Leichte Fröste schaden den Rüben nicht. Bei starkem Frost ausgraben und im Keller in feuchten Sand einschlagen.
Mein Tip: Achten Sie darauf, daß das Saatgut nicht älter als ein Jahr ist. Älteres keimt schlecht.

Topinambur
Helianthus tuberosus

Familie: *Compositae*, Korbblütler.
Zur Pflanze: Mittelzehrer. Unterirdisch hellbraune, ungleichmäßige Knollen, oberirdisch bis 3 m hohe Stengel mit rauhen Blättern und gelben Blüten.
Kulturzeit: Mehrjährig. Bei einjähriger Kultur 10 Monate ab Pflanzung oder länger.
Kulturfolge: Keine.
Mischkultur: Keine.
Boden: Locker, keine Staunässe. Vor der Pflanzung Stallmist oder reichlich Kompost einarbeiten.
Saat/Pflanzung: Ab November bis April Knollen 5 cm tief in den Boden legen. Abstand 20 cm. Je später die Pflanzung, desto geringer der Ertrag.
Pflege: Gießen. Im Herbst vertrocknete Stengel abschneiden und Unkraut von der Pflanzstelle entfernen, sonst wird die Ernte erschwert.
Pflanzenschutz: Nicht notwendig.
Ernte: Ab November die Knollen ausgraben. Sie sind nicht lagerfähig, vertragen aber in der Erde Frost. Jede Knolle, die nicht geerntet wird und in der Erde bleibt, bringt eine neue Pflanze.
Mein Tip: Pflanzen Sie Topinambur an den Rand des Gartens: als Windschutz und als schönen Abschluß.

Kartoffel

Solanum tuberosum

Familie: *Solanaceae,* Nachtschatten-gewächse.

Zur Pflanze: Mittelzehrer. Bis zu 50 cm hoher, blattreicher Busch mit weißen oder zartvioletten Blüten und vielen braunen, gelben oder rötlichen Knollen. Es gibt frühe, mittelfrühe und späte Sorten. Für den Kleingarten sind Frühkartoffeln am besten geeignet.

Kulturzeit: Frühkartoffeln 3, späte Sorten 4 Monate ab Pflanzung.

Kulturfolge: Nachkultur: Winter-kohl, Spinat, Buschbohnen, Endivie.

Mischkultur: Knoblauch, Kohl, Kapuzinerkresse.

Boden: Leicht oder mittelschwer. In schweren Böden geringe Ernten. Im Frühjahr mit Kompost versorgen. Kein Mist!

Saat/Pflanzung: Saatkartoffeln ab Februar bei 15°C vorkeimen. Aus-pflanzen, wenn der Boden 7°C warm ist (Mitte April). Mit Folie bedecken, bis die letzten Fröste vorbei sind.

Pflege: Wenn die Pflanzen 15 cm hoch sind, anhäufeln.

Pflanzenschutz: Gegen Nematoden Tagetes zwischenpflanzen. Bei Kartoffelkäferbefall Steinmehl stäuben. Käfer und Larven ab-sammeln.

Ernte: Wenn das Laub gelb wird, bei Frühkartoffeln auch früher.

Mein Tip: Kartoffeln sind erstklassige Bodenverbesserer. Bei der Neu-anlage eines Gartens lohnt es sich, ein Jahr lang nur Kartoffeln anzu-bauen.

Warnung: Wo die Knollen zu viel Licht bekommen, bilden sich grüne Stellen. Diese enthalten das giftige *Solanin* und müssen vor dem Verzehr entfernt werden.

Frühkartoffeln schmecken gut und verbessern den Boden.

Schwarzwurzeln – ein feines Wintergemüse.

Meerrettich kann stark wuchern.

Schwarzwurzel
Scorzonera hispanica

Familie: *Compositae,* Korbblütler.
Zur Pflanze: Mittelzehrer. Bis 40 cm lange schwarze Pfahlwurzel, langes schmales Blattwerk. Winterhart.
Kulturzeit: Bis zu 12 Monate ab Aussaat.
Kulturfolge: Keine.
Mischkultur: Salat, Lauch, Kohlrabi.
Boden: Tief gelockert, sandig, nährstoffreich. Vor der Saat mit reichlich Kompost versorgen, schwere Böden mit Sand lockern.
Saat/Pflanzung: Ab März oder ab August in Reihen (Abstand 25 cm) aussäen. Nach der Keimung auf

10 cm Abstand in der Reihe vereinzeln. Samen und Keimlinge ständig feucht halten. Nur frisches Saatgut verwenden.
Pflege: Unkrautfrei halten. Blüten ausbrechen. Bis September regelmäßig gießen.
Pflanzenschutz: Nicht nach Nachtschattengewächsen anbauen (Nematodengefahr). Wühlmäuse vertreiben.
Ernte: Ab Oktober (nicht früher) bis zum darauffolgenden Frühjahr Wurzeln ausstechen. Vorsicht, sie brechen sehr leicht ab.
Mein Tip: Damit Sie auch im Winter ernten können, den Boden mit einer Stroh- oder Reisigschicht vor Frost schützen.

Meerrettich
Armoracia rusticana

Familie: *Cruciferae,* Kreuzblütler.
Zur Pflanze: Mittelzehrer. Ausdauernde Würzpflanze. Lange, braune, oft verzweigte Pfahlwurzel, sehr großes, dichtes Blattwerk direkt aus der Wurzel.
Kulturzeit: Mehrjährig. Bei einjähriger Kultur 8 bis 12 Monate ab Pflanzung.
Kulturfolge: Vorkultur: alle Starkzehrer.
Mischkultur: Keine.
Boden: Tiefgründig, sandig, nährstoffreich. Schwere Böden mit Sand vermischen.
Saat/Pflanzung: Im März/April 10 cm tiefe Rillen im Boden ziehen und Kom-

post einfüllen. 25 cm lange Seitenwurzeln, »Fechser«, bis auf 1 cm oben und unten abreiben, damit nicht zu viele Augen austreiben. Anschließend in die Rillen legen, dabei das untere Ende senkrecht in den Boden stecken. Mit Erde abdecken.
Pflege: Seitentriebe ausbrechen.
Pflanzenschutz: Nicht notwendig.
Ernte: Ab Oktober bis März Wurzeln ausgraben.
Mein Tip: Grenzen Sie Meerrettich mit einem Eimer (ohne Boden) oder mit Steinplatten ein, denn er wuchert stark.

Bleichspargel muß in Dämmen gezogen werden.

Grünspargel wird nicht angehäufelt.

Spargel
Asparagus officinalis

Familie: *Liliaceae,* Liliengewächse.
Zur Pflanze: Starkzehrer. Bleichspargel: Anbau in 50 cm hohen Dämmen. Etwa 20 cm lange bleiche Sprosse werden ausgestochen. Grünspargel: Anbau auf flachen Beeten, die Sprosse werden über dem Boden abgeschnitten.
Kulturzeit: Mehrjährig, bis zu 15 Jahre am selben Standort.
Kulturfolge: Keine.
Mischkultur: Keine.
Boden: Bleichspargel: sandig, warm. Grünspargel: locker, kalkhaltig.
Saat/Pflanzung: Aussaat ist möglich, doch ist der Kauf von Jungpflanzen empfehlenswert. Die Rhizomstücke sollten mindestens 4 Augen aufweisen. Bleichspargel: Im Herbst Boden zwei Spaten tief lockern, einen 25 cm tiefen und 45 cm breiten Graben ausheben. Mit Stallmist, im folgenden Frühjahr mit Kompost insgesamt 10 cm hoch auffüllen. Darauf im März im Abstand von 40 bis 50 cm die Rhizomstücke verteilen. Mit Aushuberde bedecken, so daß die Knospen 5 cm unter der Erde liegen. Im Herbst das Laub abschneiden, im nächsten Frühjahr Gräben schließen. Im 3. Frühjahr einen etwa 50 cm hohen Damm auf den Graben aufhäufeln und festklopfen.

Grünspargel: Graben ausheben und pflanzen wie Bleichspargel, Abstände 30 cm. Auch hier beginnt die Ernte erst im 3. Jahr.
Pflege: Bei Bleichspargel Dämme nach der Ernte einebnen, mit Stallmist versorgen. Im Frühjahr neu anhäufeln und Dämme glätten.
Grünspargel wird nicht angehäufelt. Nach der Ernte ebenfalls mit Stallmist versorgen.
Pflanzenschutz: Vorbeugend gegen Befall mit Spargelrost das abgetrocknete Laub im Herbst abschneiden und verbrennen.
Ernte: Bei Bleichspargel ab Mitte April die Dämme beobachten. Wo feine Risse im glattgestrichenen Damm zu sehen sind, Spargeltrieb von der Seite her freilegen, mit Spargelstecher abstechen, das Loch wieder schließen und glätten. Ernte bis Ende Juni.
Bei Grünspargel ab Ende April bis Ende Juni Triebe ernten, die 20 cm über dem Boden hoch sind.
Mein Tip: Beachten Sie, daß Bleichspargel und Grünspargel zwei verschiedene Sorten sind. Bleichspargel wächst zwar, wenn er nicht in einem Hügel gezogen wird, ebenfalls grün. Er ist dann aber zäh und nicht genießbar.

Zwei Rharbarberpflanzen reichen für eine große Familie.

Rhabarber
Rheum rhaponticum

Familie: *Polygonaceae,* Knöterichgewächse.
Zur Pflanze: Starkzehrer. Große grüne Blätter an bis zu 50 cm langen, dicken grünen oder roten Stielen. Verwendet werden die Stiele, die roh oder als Kompott gegessen werden. Rotstieliger Rhabarber ist etwas milder.
Kulturzeit: Dauerkultur. Kann bis zu 10 Jahren an einem Platz bleiben, oft noch länger.
Kulturfolge: Keine, da Dauerkultur.
Mischkultur: Keine.
Boden: Tiefgründig, nährstoffreich. Jeden Winter mit gut verrottetem Mist oder einer dicken Lage Kompost bedecken.
Saat/Pflanzung: Im Herbst Rhizomteile von gesunden, kräftigen Pflanzen in gut mit Stallmist oder Kompost versorgten, zwei Spaten tief gelockerten Boden so einpflanzen, daß die Knospen etwa 5 cm tief im Boden liegen. Abstand 1 bis 1,5 m. Vermehrung aus Samen ergibt kümmerliche, nicht sortenechte Pflanzen.
Pflege: Blütenstände bei ihrem Erscheinen sofort ausbrechen. Nach der Ernte mit flüssigem organischem Dünger versorgen. Im Herbst mit einer dünnen Schicht verrottetem Stallmist abdecken.

Pflanzenschutz: Nicht notwendig.
Ernte: In den ersten zwei Jahren wenig ernten. Danach jeweils bis Mitte Juli die dicken Stiele herausdrehen (nicht schneiden). Nur einmal die Woche ernten. Verwendet werden nur die Stiele. Die großen Blätter können jedoch gut als Mulchmaterial unter Beerensträucher gelegt werden. Verjaucht sind sie sehr wirkungsvoll zur Bekämpfung der Schwarzen Bohnenlaus. Bei jeder Ernte jeweils etwa ein Drittel der Stiele mit Blättern stehen lassen, damit die Pflanze sich regenerieren kann.

Mein Tip: Für früheren Erntebeginn legen Sie im Februar eine Schlitzfolie über die Pflanze. Sie können aber auch einen Eimer überstülpen, bei dem Sie vorher den Boden entfernt haben.
Warnung: Rhabarberblätter sind giftig. Sie müssen bei der Ernte entfernt werden.

Cardy muß 3 bis 5 Wochen lang gebleicht werden.

Artischocken passen gut in den Ziergarten.

Cardy
Cynara cardunculus

Familie: *Compositae*, Korbblütler.
Zur Pflanze: Starkzehrer. Bis 1,5 m hohe Pflanze mit langen stacheligen Blättern und blauen Blüten. Geerntet werden die gebleichten Stiele.
Kulturzeit: 4 bis 5 Monate ab Aussaat.
Kulturfolge: Vorkultur: Salat, Radieschen, Spinat.
Mischkultur: Bei weiten Abständen Salat, Spinat, Kohlrabi.
Boden: Nährstoffreich, tief gelockert, sandig. Im Herbst vor dem Anbau mit Stallmist düngen.
Saat/Pflanzung: Saat Mitte Mai ins Freiland, je 3 bis 4 Samen im Abstand von 1 m. Nur die stärkste Pflanze stehen lassen.
Pflege: Regelmäßig hacken. Durchdringend gießen. Mit Pflanzenjauchen düngen.
Pflanzenschutz: Läuse mit Seifenwasser abspritzen.
Ernte: Im August die Pflanzen zusammenbinden und mit schwarzer Folie oder anderem lichtundurchlässigen Material (Wellpappe, Zeitungspapier, Jutesack) umwickeln. Nach 3 bis 5 Wochen (bei kühlem Wetter länger) werden die gebleichten Stengel geerntet.
Mein Tip: Sie können ungebleichte Stengel auch im Herbst im Keller in Sand einschlagen.

Artischocke
Cynara scolymus

Familie: *Compositae*, Korbblütler.
Zur Pflanze: Starkzehrer. Bis zu 2 m hohe, ausladende Pflanze mit großen Blättern und violetten oder roten Blüten. Gegessen werden die Knospen.
Kulturzeit: Dauerkultur. Alle 3 bis 4 Jahre verpflanzen.
Kulturfolge: Keine.
Mischkultur: Keine.
Boden: Tiefgründig, nährstoffreich. Vor der Pflanzung mit verrottetem Stallmist versorgen.
Saat/Pflanzung: Aussaat ab März in Töpfe unter Glas, Pflanzung ins Freiland nach den letzten Frösten. Abstand 1,5 m. Günstiger ist die Pflanzung von bewurzelten Seitentrieben im Mai.
Pflege: Alle 4 Wochen organischen Dünger geben. Im ersten Jahr Knospen ausbrechen. In den folgenden Jahren pro Pflanze 6 bis 8 Blütenstände belassen. Im Herbst Stengel abschneiden, Blätter zusammenbinden und mit Reisig schützen.
Pflanzenschutz: Läuse mit Seifenwasser vertreiben. Nicht auf Knospen sprühen.
Ernte: Von Juli bis September die geschlossenen Knospen ernten.
Mein Tip: Die frostempfindlichen Artischocken gedeihen nur in Gegenden mit Weinbauklima.

REGISTER

Auf den mit * gekenn-
zeichneten Seiten finden
Sie eine ausführliche Be-
schreibung der jeweiligen
Pflanze.
Die **halbfett** gesetzten
Seitenzahlen verweisen
auf Farbfotos und Farb-
zeichnungen.
U = Umschlagseite.

Biogärtnern – leicht gemacht. Mit GU.

Kerngesundes Obst so richtig zum Reinbeißen ziehen Sie jetzt problemlos selbst. 14,80 DM.

Nur ein einsamer Schnittlauchtopf auf der Fensterbank? Ernten Sie ab sofort Gesundheit und Genuß aus dem Vollen. 14,80 DM.

Damit Himbeeren, Johannisbeeren & Co wieder zum gesunden Vergnügen werden. 14,80 DM.

Damit schaffen Sie die Grundlage zum erfolgreichen Biogärtnern: Denn nur ein gesunder Gartenboden ohne Gift sorgt für gesunde Früchte, die ohne Angst verzehrt werden können. 16,80 DM.

Stand 11.99. Änderungen und Irrtum vorbehalten

Mehr draus machen. Mit GU.

Adressen und Bücher, die weiterhelfen

Bodenuntersuchungen

Institut für angewandte
  Botanik, Marseiller Str. 7,
  W-2000 Hamburg 36
Landwirtschaftliche
  Untersuchungs- und
  Forschungsanstalt,
  Mars-La-Tour-Str. 4,
  W-2900 Oldenburg
Landwirtschaftliche
  Untersuchungs- und
  Forschungsanstalt,
  Finkenborner Weg 1A,
  W-3250 Hameln
Hessische landwirtschaft-
  liche Versuchsanstalt,
  Am Versuchsfeld 13,
  W-3500 Kassel-Harles-
  hausen und Rheinstr 91,
  W-6100 Darmstadt
Labor für Boden-
  untersuchungen und
  Spurenmetallanalytik
  Dr. Fritz Balzer,
  Oberer Ellenberg 5,
  W-3551 Amönau
Landwirtschaftliche
  Untersuchungs- und
  Forschungsanstalt,
  Weberstr. 61,
  W-5300 Bonn
Dr. Volker Rusch, Institut
  für mikrobiologische
  Bodenuntersuchung,
  Am Hintersand,
  W-6348 Herborn
  (keine Nährstoff-Unter-
  suchung)
Landesanstalt für land-
  wirtschaftliche Chemie,
  Emil-Wolff-Str. 14,
  W-7000 Stuttgart-
  Hohenheim

Staatliche landwirtschaft-
  liche Untersuchungs-
  und Forschungsanstalt
  Augustenberg,
  Postfach 410943,
  W-7500 Karlsruhe 41
Bayerische Haupt-
  versuchsanstalt für
  Landwirtschaft,
  W-8050 Freising-
  Weihenstephan
Bayerische Landesanstalt
  für Bodenkultur
  und Pflanzenbau,
  Luxburgstr. 4
  W-8700 Würzburg

Auskunft erteilt auch:
  Verband deutscher
  landwirtschaftlicher
  Untersuchungs- und
  Forschungsanstalten,
  Bismarckstr. 41 a,
  W-6100 Darmstadt

Bezugsquellen für Naturdünger

Cohrs GmbH,
  Postfach 11 65,
  W-2720 Rotenburg
Neudorff GmbH & KG,
  Postfach 1209,
  W-3254 Emmerthal 1
  (über Fachhandel)
Oscorna GmbH & Co.,
  Postfach 4267,
  W-7900 Ulm

Bezugsquellen für Saatgut

Blauetikett Bornträger,
Postfach 30,
W-6521 Offstein
Kiepenkerl-Samen,
Postfach 99,
W-7142 Marbach
(ungebeiztes Saatgut)
Sperling-Samen,
Postfach 5569,
W-2120 Lüneburg
(biologisch gebeiztes
Saatgut)
Julius Wagner,
Postfach 105880,
W-Heidelberg
(biologisch gebeiztes
Saatgut)
Rijk Zwaan, Postfach 34,
W-4777 Welver
(ungebeiztes Saatgut)

Bezugsquellen für Nutzinsekten

BioNova GmbH,
Boschstr. 11,
W-4190 Kleve
Neudorff GmbH & KG,
Postfach 1209,
W-3254 Emmerthal 1
Sautter und Stepper,
Rosenstraße 19,
W-7403 Ammerbach-
Altingen

Wichtig: Die Adressenliste
erhebt keinen Anspruch
auf Vollständigkeit,
sondern enthält nur Vor-
schläge. Bitte fügen Sie bei
Anfragen stets einen fran-
kierten Rückumschlag bei.

Bücher

Eichenberger, R., Hengge-
ler, S., Schmid, O.,
Vogtmann, H.: *Das Jahr
im biologischen Garten-
bau*. Verlag Eugen
Ulmer, Stuttgart
Franck, G.: *Gesunder
Garten durch Misch-
kultur*. Südwest Verlag,
München
Heynitz, K. von: *Kompost
im Garten*. Verlag Eugen
Ulmer, Stuttgart
Kreuter, M.-L.: *Biologi-
scher Pflanzenschutz*.
BLV Verlagsgesellschaft,
München
Schlammer, G.: *Gesunder
Boden, gesunde
Pflanzen*. Gräfe und
Unzer Verlag, München
Schmid, O., Henggeler S.:
*Biologischer Pflanzen-
schutz im Garten*.
Verlag Eugen Ulmer,
Stuttgart
Steiner, H.: *Nützlinge im
Garten*. Verlag Eugen
Ulmer, Stuttgart

Zeitschriften

Flora. Gruner & Jahr AG &
Co., Postfach 111 629,
W-2000 Hamburg 11
Garten organisch.
Organischer Landbau
Verlag, Postfach 1123,
W-5358 Bad Münster-
eifel
Kraut & Rüben. BLV Ver-
lagsgesellschaft mbH,
Lothstraße 29,
W-8000 München
mein schöner Garten.
Verlag Burda GmbH,
Hauptstraße 130,
W-6000 Offenburg

Die Fotografen

Becherer: Seite 105 li.; De Cuveland: Seite 4; Geduldig/
Jung: Seite 39; Himmelhuber: Seite 91 li.; Jantzen:
Seite 31, 60, 103; Lamontagne: Seite 66, 71, 73 re., 75 li.;
mein schöner Garten (msG)/Fischer: Seite 80, 81 re.,
83 li., 90, 102 re.; msG/Jarosch: Seite 2 li.; msG/Matthes:
Seite 72; msG/Nordheim: Seite 67, 70 re.; msG/Stork:
Seite 88; Nickig: Seite U2, 5, 11, 16, 43, 54, 64, 65,
112/U3, U4; Redeleit: Seite 6, 12, 38, 40 u. li., u. re., 49,
61, 62, 78 re., 82 li., 84, 89 li., 99 re., 100 li.; Reinhard:
Seite 46/47, 68, 69, 73 li., 79 li., 85, 95 re., 97 re., 100 re.,
102 li.; Riedmiller: Seite 13, 40 o., 82 re., 98, 104;
Sammer: Seite U1, 74, 93 li., re., 96, 101, 105 re.;
Silvestris/Heitmann: Seite 27; Silvestris/Kuch: Seite 70 li.;
Silvestris/Rohdich: Seite 86 li., 87; Stein: Seite 76, 77 li.,
81 li., 89 re., 91 re., 97 li., 99 li.; Strauß: Seite 2 re., 3, 8,
24/25, 36/37, 77 re., 78 li., 79 re., 83 re., 86 re.,
92, 94, 95 li.; Teubner: Seite 26; Wehrmann-Schindler:
Seite 75 re.; Willner: Seite 48, 57.

Wichtige Hinweise

In diesem Buch wird erklärt, wie man Gemüse
biologisch anbaut und pflegt. Dazu gehört der
Umgang mit einer Vielzahl von Gartengeräten.
Bewahren Sie alle Gartenwerkzeuge so auf, daß sich
keiner daran verletzen kann. Nach Gebrauch immer
sofort wegräumen. Kommt es bei der Gartenarbeit
und im Umgang mit Erde zu offenen Verletzungen,
sollten Sie umgehend einen Arzt aufsuchen und sich
fachkundig behandeln lassen. Besprechen Sie mit
ihm, ob er eine Impfung gegen Tetanus (Wundstarr-
krampf) für erforderlich hält.
Vorsichtsmaßnahmen sind auch unbedingt nötig
bei der Anwendung von biologischen Pflanzen-
schutzmitteln und Düngern: Befolgen Sie genau die
Gebrauchsanweisung. Halten Sie Kinder und
Haustiere fern, wenn Sie die Mittel anwenden.
Ziehen Sie Handschuhe an, wenn Sie pyrethrum-
haltige Mittel anwenden. Diese Mittel dürfen nicht
in offene Wunden gelangen. Bewahren Sie
unbedingt alle Pflanzenschutzmittel und Dünger so
auf, daß sie für Kinder und Haustiere unerreichbar
sind. Verschließen Sie größere Jauchefässer mit
einem Gitter, damit Kinder oder Kleintiere nicht
hineinklettern oder -fallen können.

Die Fotos auf dem Umschlag:
Umschlagvorderseite: Bunter
Erntekorb.
Umschlagseite 2: Prächtiger Wirsing.
Umschlagseite 3: Mischkultur mit
Meerrettich, Salat und Comfrey.
Umschlagrückseite: Stilvoller Bio-
garten mit Blumen und Gemüse in
Mischkultur.

Die Deutsche Bibliothek –
CIP-Einheitsaufnahme
Recht, Christine:
Gemüse biologisch ziehen: so gedeiht
und schmeckt es am besten;
Experten-Rat fürs Säen, Pflanzen
und Pflegen; mit Pflanzkalender und
Anleitungen für den naturgemäßen
Pflanzenschutz / Christine Recht. –
1. Aufl. – München: Gräfe und
Unzer, 1992
(GU-Pflanzen-Ratgeber) (Biogärt-
nern, leicht gemacht)
ISBN 3-7742-1494-8

1. Auflage 1992
© 1992 Gräfe und Unzer GmbH,
München

Redaktionsleitung: Hans Scherz
Stellvertretende Redaktionsleitung:
Renate Weinberger
Redaktion: Gisela Keil
Lektorat: Renate Schilling
Zeichnungen: Marlene Gemke
Herstellung: Petra Altmannshofer
Produktion: Johannes Schmidt-Thomé
Umschlaggestaltung:
Heinz Kraxenberger
Satz: Fotosatzservice München GmbH
Repro: Ring
Druck und Bindung: Stürtz

ISBN 3-7742-1494-8